ANALECTA BIBLICA
INVESTIGATIONES SCIENTIFICAE IN RES BIBLICAS

—————— 125 ——————

ANALECTA BIBLICA

INVESTIGATIONES SCIENTIFICAE IN RES BIBLICAS

PONTIFICIO ISTITUTO BIBLICO · ROMA

GIUSEPPE VISONÀ

CITAZIONI PATRISTICHE E CRITICA TESTUALE NEOTESTAMENTARIA

IL CASO DI LC 12,49

EDITRICE PONTIFICIO ISTITUTO BIBLICO – ROMA 1990

BS
2595.2
.V57
1990

IMPRIMI POTEST
Romae, die 30 Novembris 1990

R. P. Klemens Stock, S.J.
Rector Pontificii Instituti Biblici

ISBN 88-7653-125-4

© Iura editionis et versionis reservantur

Volume per il quale l'Autore ha richiesto un contributo al C.N.R.

Editrice Pontificio Istituto Biblico
Piazza della Pilotta, 35 - 00187 Roma

INTRODUZIONE

Questa non vuol essere la consueta rassegna dell'interpretazione patristica di una pericope evangelica, ma un approccio per via patristica al problema *testuale* di Lc 12,49, che di riflesso non potrà non coinvolgere il problema dell'*interpretazione* di «uno dei testi della tradizione sinottica di più difficile comprensione e per ciò stesso di più controversa interpretazione»[1].

Lo spunto per questa indagine è venuto dal riscontro in un documento cristiano di alta antichità — l'omelia *In sanctum Pascha* dello Pseudo Ippolito[2] — di una recensione di Lc 12,49 diversa da quella costantemente e unanimemente trasmessa dai manoscritti greci del Nuovo Testamento (NT). Questa variante — mai discussa perché mai apparsa negli apparati delle edizioni del NT — nondimeno si è rivelata non un fatto episodico bensì l'indizio di una tradizione solidamente radicata in età patristica.

Parallelamente l'indagine ha via via rivelato che per trovare una sicura attestazione del testo greco corrente di Lc 12,49 bisogna arrivare alle soglie del IV secolo (Eusebio di Cesarea), e che più in generale detto testo non è poi così tranquillamente recepito dai Padri.

Il caso è apparso dunque interessante per più motivi e a più livelli: in prospettiva più generale esso riproduce una situazione tipo nella sempre aperta questione del ruolo e del peso della tradizione patristica nell'accertamento critico del testo del Nuovo Testamento (e in questo quadro fornisce una serie di rilievi e collegamenti utili per la storia della tradizione del testo); a livello più specifico esso dischiude una via nuova, quella testuale, per la possibile comprensione di quella che rimane comunque una *crux* esegetica.

---

[1] Così ancora il più recente saggio su Lc 12,49: cfr. C.-P. März, *«Feuer auf die Erde zu werfen, bin ich gekommen ...».* Zum Verständnis und zur Entstehung von Lk 12,49, in À cause de l'Évangile. Études sur les Synoptiques et les Actes offertes au P. J. Dupont, LDiv 123, Paris 1985, p. 479, che così prosegue: «La sentenza solleva problemi in ordine alla precisa definizione delle tematiche, è difficile da porre in connessione con il contesto, pone questioni quanto alla derivazione, alla tradizione e alla formazione, e non si lascia coerentemente iscrivere nel quadro generale dell'annuncio di Gesù» (*ibidem*).

[2] Cfr. G. Visonà, *Pseudo Ippolito. In sanctum Pascha. Studio edizione commento*, SPM 15, Milano 1988, che si pone come complemento di R. Cantalamessa, *L'omelia «In s. Pascha» dello Pseudo-Ippolito di Roma*, Milano 1967, in cui l'omelia veniva assegnata all'ambiente asiatico quartodecimano della seconda metà del II secolo. Nel nostro studio assumiamo al riguardo una posizione più cauta, ma riteniamo comunque che lo scritto abbia un *terminus ante quem* in Origene.

Questo è il testo greco di Lc 12,49-50, versetti che in Luca costituiscono un'unità letteraria:

[49]Πῦρ ἦλθον βαλεῖν ἐπὶ τὴν γῆν,
καὶ τί θέλω εἰ ἤδη ἀνήφθη.
[50]Βάπτισμα δὲ ἔχω βαπτισθῆναι,
καὶ πῶς συνέχομαι ἕως ὅτου τελεσθῇ.

La pista da noi seguita rappresenta, come si diceva, una novità perché il testo di Lc 12,49 non ha mai posto in quanto tale problemi particolari. L'unico elemento che ne ha potuto condizionare sensibilmente la lettura è stato un segno di interpunzione — che notoriamente non va messo in conto alla tradizione manoscritta ma agli antichi e moderni editori[3] — vale a dire quel punto interrogativo dopo ἀνήφθη che è accolto dal *textus receptus* ed è a tutt'oggi dai vari editori ascritto anche ai Padri in tutti i casi in cui essi sono testimoni del testo corrente[4].

La forma interrogativa asseconda il naturale valore del τί greco; la sua eliminazione — che conferisce alla proposizione valore esclamativo — si è fatta strada, come vedremo, col sostegno del ricorso ad un retroterra non greco ma semitico per il nostro versetto.

Alla luce dei problemi connessi con l'interpretazione del passo lucano, può risultare fuorviante dare in sede di premessa una traduzione. Nondimeno, per praticità, riportiamo la versione ufficiale della Conferenza Episcopale Italiana (1971) riprodotta nell'edizione italiana della *Bibbia di Gerusalemme* e peraltro strettamente aderente a quella della *Bible de Jérusalem* medesima:

[49]Sono venuto a portare il fuoco sulla terra,
e come vorrei che fosse già acceso!
[50]C'è un battesimo che devo ricevere,
e come sono angosciato finché non sia compiuto![5]

---

[3] Cfr. K. ROMANIUK, *Exégèse du Nouveau Testament et ponctuation*, NT 23 (1981) 195-209, ove si esaminano anche alcuni casi per i quali si propone una diversa punteggiatura (Mc 4,12; 1 Cor 6,18; Gal 3,20).

[4] La forma interrogativa è accolta anche nella fondamentale edizione di B.F. WESTCOTT-F.J.A. HORT, *The New Testament in the Original Greek*, Cambridge-London 1881 (rist. anast.: Graz 1974) e in quella di H.J. VOGELS (Freiburg i. Br. 1955[4]).

[5] Quali esempi di versioni che si attengono invece alla forma interrogativa si vedano la Bibbia «Marietti» (sotto la direzione di S. Garofalo), III, Casale Monferrato 1963, p. 179: «Fuoco son venuto a gettare sulla terra, e che voglio se già s'accese? Devo ricevere un battesimo, e come sono angustiato finché non sia compiuto?» e la *Bibbia concordata* (a cura della Società Biblica Italiana), s.l. 1968, p. 1755: «Son venuto a portare il fuoco sulla terra e cosa voglio se non che s'accenda? Devo essere battezzato con un battesimo e come sono in angustia finché non sia compiuto!». Il semplice raffronto delle due versioni, e di queste con quella data in piena pagina, è sufficiente a dare un'idea dei problemi interpretativi sollevati da questa sentenza.

È doveroso anche menzionare, sempre in sede di premessa, un eccezionale strumento che si è reso disponibile da qualche anno per questo tipo di ricerche sul testo del vangelo di Luca, vale a dire il nuovo apparato
allestito e pubblicato dagli *American and British Committees of the International Greek New Testament Project* (IGNTP)[6]: vi si troverà, per ogni
singolo versetto, la lista delle citazioni patristiche greche e latine (fino al
500 d.C.) e siriache (limitatamente a Efrem, Afraate e *Liber Graduum*),
come pure un apparato critico anche patristico, che ha finalmente permesso alla variante di cui tratteremo di affiorare in un apparato del NT. I
limiti dell'opera sono quelli inevitabilmente legati a questo tipo di strumenti, i quali da una parte non possono contestualizzare ogni singola re-
ferenza e, dall'altra, dipendono a loro volta da altri strumenti (nel nostro
caso dalle edizioni esistenti degli scritti patristici) e dai loro difetti. Avre-
mo modo di addurre più di un esempio in proposito. In pratica, quindi,
l'esatta evidenza di una situazione testuale non è immediata ma è subor-
dinata all'esame in dettaglio delle singole testimonianze proposte.

---

[6] Cfr. *The New Testament in Greek*, III. *The Gospel According to St. Luke*, edited by
the American and British Committees of the International Greek New Testament Project.
Part One, Chapters 1-12, Oxford 1984; *Part Two, Chapters 13-24*, Oxford 1987 (a conclusione di quasi quarant'anni di lavoro!). D'ora in poi citato come *The Gospel*; per Lc
12,49-50 cfr. I, pp. 294-295. Non si tratta di una edizione: l'IGNTP è sorto nel 1948 con
lo scopo mirato di allestire apparati critici il più completi possibile sia per la tradizione diretta greca che per le antiche versioni e le citazioni patristiche: il testo di riferimento in
piena pagina è il *textus receptus*. Cfr. J.K. ELLIOTT, *The International Project to establish a
Critical Apparatus to Luke's Gospel*, NTS 29 (1983) 531-538. Su questo e su altri progetti
che associano i Padri in ordine all'edizione del NT ritorneremo nell'ultimo capitolo.

CAPITOLO PRIMO

I PADRI E IL TESTO DI LC 12,49b

Iniziamo con alcuni rilievi di carattere generale. Lc 12,49b è, come si vedrà, un passo che ha creato problemi interpretativi fin dal suo apparire in età patristica. Nondimeno non abbiamo mai riscontrato casi in cui un Padre discuta espressamente il problema testuale: ciò è particolarmente deprecabile nel caso di Origene e Girolamo, che all'indole filologica uniscono il fatto di essere i due maggiori testimoni (quantitativamente) del nostro versetto[1].

Per di più, nella quasi totalità dei casi non c'è neppure un commento adeguato a Lc 12,49b, sì che non si riesce neppure a stabilire se il Padre in questione intendesse la proposizione come interrogativa o meno[2].

Ancor più, si deve registrare una diffusa reticenza a dare il testo sempre di Lc 12,49b. Non ci riferiamo ovviamente all'assenza di citazioni del v. 49[3] ma al fatto che molto spesso si cita il solo 49a: il caso più eclatante si ha con Agostino che in ben 16 citazioni dirette si limita sempre a: «Ignem veni mittere in terram/mundum». Se invece vogliamo riferirci a tutta un'area, il dato più rilevante è quello della tradizione siriaca dipendente dal Diatessaron di Taziano, per la quale non abbiamo nessuna attestazione di Lc 12,49b: risulta dunque impossibile ricostruire il testo del Diatessaron in questo punto. Non solo, perché si pone addirittura il problema se il Diatessaron contemplasse Lc 12,49b; infatti è possibile constatare l'assenza di 49b direttamente in una versione antica, e precisamente la Afra della Vetus Latina (di qui l'atteggiamento di Agostino?). Ecco allora affacciarsi il problema dei rapporti tra il Diatessaron e le versioni latine, del Testo occidentale... ecc. Di tutto questo ci occuperemo a suo luogo, ma qui serve a marcare una reticenza che ha coinvolto larghi strati della letteratura patristica e le stesse antiche versioni e che secondo noi è

---

[1] Sulla «critica testuale» esercitata da Origene e Girolamo cfr. sotto, c. IV, nota 31. Ciò da una parte potrebbe sembrare un indizio che la tradizione testuale di Lc 12,49 non presentava alternative o problemi, ma dall'altra contrasta clamorosamente con il fatto che Origene attesta due diverse recensioni del versetto e che la versione di Girolamo è in contrasto con tutta la tradizione latina e con la stessa Vulgata (!). Su tutto questo torneremo.

[2] Quest'ultimo aspetto non riguarda la tradizione latina, nella quale è la forma stessa del testo (sia nelle versioni sia nei Padri) a rivelare la natura dell'espressione.

[3] Particolarmente vistosa, tuttavia, data la mole degli scritti, è quella che riguarda i tre Cappadoci, se si eccettuano due casi in scritti la cui attribuzione a Basilio è molto contrastata (v. sotto).

segno delle difficoltà sollevate dal testo di Lc 12,49b. L'uno e l'altro elemento dischiudono ampi spazi alla nostra indagine. Volutamente poi abbiamo parlato di difficoltà del «testo», perché quanto a significato non c'è esitazione né oscillazione nei Padri: Lc 12,49 esprime il desiderio vivo ed attuale di Gesù che si accenda il fuoco che è venuto a portare sulla terra, cioè, a seconda dei contesti, il fuoco del giudizio o del suo amore o della sua parola o dello Spirito Santo.

L'area greca

Nella menzionata omelia *In s. Pascha* dello Pseudo Ippolito c'è una citazione di Lc 12,49 per la quale l'edizione del Nautin dà la variante τί ἤθελον per il τί θέλω del testo corrente[4]. L'apporto di nuovi testimoni manoscritti ha confermato la nostra convinzione che il τί fosse un'integrazione normalizzatrice posteriore, fatto questo che si rivelerà molto importante nel prosieguo della nostra indagine. Pertanto la recensione di Lc 12,49 che arriviamo a ricostruire per l'omelia pasquale è la seguente[5]:

> Πῦρ ἦλθον βαλεῖν εἰς τὴν γῆν
> καὶ ἤθελον εἰ ἤδη ἀνήφθη.

La prima spiegazione cui si è tentati di pervenire è quella della corruttela di origine paleografica, dovuta cioè alla *scriptio continua* e alla possibile confusione in greco tra ΤΙ (come veniva legato in onciale) e Η[6], per cui da ΤΙΘΕΛΩ si sarebbe passati a ΗΘΕΛΟΝ (con adeguamento della desinenza). Ma, a parte la difficoltà di ipotizzare un simile passaggio nel caso di un versetto evangelico, dal testo per di più molto caratterizzato, a dissuaderci da una siffatta soluzione è stata la constatazione che la variante aveva una sua ben individuabile tradizione, che tanto più difficilmente poteva risalire ad una causa puramente meccanica.

Un dato subito apparso interessante è quello cronologico, in quanto, come si è detto, la testimonianza dello Pseudo Ippolito è assegnata dal Cantalamessa alla seconda metà del II secolo e da noi comunque ritenuta pre-origeniana, per cui precede ogni altra attestazione patristica di Lc 12,49, comprese quelle del testo corrente.

Certo, non possiamo essere sicuri che la recensione che oggi possiamo ricostruire per l'*In s. Pascha* sia quella originale, ma è significativo

---

[4] Cfr. *In s. Pascha* 27 (ed. P. Nautin, SCh 27, Paris 1950, p. 153). In questa forma la registra ovviamente l'apparato di *The Gospel* I, p. 295.

[5] Cfr. Visonà, *Pseudo Ippolito*, cit., p. 274 con il commento alle pp. 391-393, in cui per un lapsus attribuiamo un «verbo al passato» ad una citazione dello Pseudo Efrem su cui torneremo.

[6] Cfr. qui sotto, nota 15.

che ad essa vada ad affiancarsi un'attestazione di Metodio di Olimpo che in senso stretto è per antichità la seconda citazione in lingua greca dopo quella dello Pseudo Ippolito[7]. Per di più essa ci proviene da quella tradizione asiatica con cui l'*In s. Pascha* ha palesato le più evidenti affinità fino a farne un rappresentante a pieno titolo (Cantalamessa).

Si tratta di un passo del *Banchetto* (seconda metà del III secolo?) per il quale le edizioni correnti — e quindi anche l'apparato di *The Gospel* — danno, come nel caso precedente, la lezione τί ἤθελον[8]. Ma l'apparato critico rivela che il τί è omesso dal codice P (Patmiacus gr. 202) — il manoscritto più antico e uno dei due capostipiti della tradizione manoscritta a noi giunta[9] — e dagli estratti di Fozio (*Biblioth.*, cod. 237), per cui è facilmente ipotizzabile un intervento in direzione del testo evangelico corrente, alla stregua di quanto avvenuto per lo Pseudo Ippolito.

Gli editori inoltre intendono la nostra frase come interrogativa, e la traduzione di V.-H. Debidour (nell'edizione Musurillo) suona così: «Je suis venu allumer le feu sur la terre, et qu'aurais-je à désirer s'il est embrasé déjà?»[10]. Ora, nel contesto Metodio sta parlando delle cinque vergini prudenti della parabola, e dice: «La nostra lampada a cinque fiamme è in verità la nostra carne, che l'anima regge come fiaccola nuziale accostandosi al suo sposo Cristo nel giorno della resurrezione e che fa risplendere nei cinque sensi lo splendore folgorante della fede, così com'egli stesso ha insegnato dicendo: 'Sono venuto a portare il fuoco sulla terra... (qui Lc 12,49)'. Con 'terra' si riferisce ai corpi in cui soggiorniamo, nei quali egli *voleva che si accendesse immantinente* (εἰς ἃ ἐβούλετο ταχέως ἀναφθῆναι) come fiamma viva e ardente la pratica dei suoi insegnamenti»[11]. In siffatto contesto è fuori luogo la traduzione di Lc 12,49 nella forma interrogativa sopra proposta, che non esprime un desiderio di Gesù ma anzi lo annulla; il commento di Metodio invece presuppone che il fuoco non sia ancora divampato. Non è poi improbabile che l'imperfetto ἐβούλετο della parafrasi voglia riprendere l'ἤθελον della citazione.

---

[7] Il fatto è che, come vedremo, Origene sembra certamente conoscere Lc 12,49 secondo il testo corrente, ma nessuna delle sue citazioni (spesso nella sola traduzione latina) ce lo riporta come tale.

[8] Cfr. METODIO, *Symp.* VI,3 (ed. G. N. Bonwetsch, GCS 27, Leipzig 1917, p. 67; ed. H. Musurillo, SCh 95, Paris 1963, p. 170).

[9] L'altro capostipite è O (Ottob. gr. 59, sec. XIV): cfr. SCh 95, p. 32 e lo stemma a p. 36. Bonwetsch però in apparato (GCS 27, p. 67) segnalava che in O la citazione di Lc 12,49 era illeggibile. Ciò non risulta in Musurillo, ma non sappiamo se sia perché è riuscito a decifrare il testo.

[10] In SCh 95, cit., p. 171.

[11] METODIO, *Symp.* VI,3 (SCh 95, p. 170).

In Metodio abbiamo la prova che Lc 12,49 era coscientemente registrato nella medesima esatta recensione qui sopra ascritta a *In s. Pascha* 27[12].

Un altro riscontro interessante per la possibilità di fecondi e suggestivi collegamenti si ha con lo Pseudo Macario (Simeone di Mesopotamia?)[13], che in un'omelia della collezione nota come tipo II cita Lc 12,49 nella medesima forma di Metodio e dello Pseudo Ippolito: Πῦρ ἦλθον βαλεῖν εἰς τὴν γῆν καὶ ἤθελον εἰ ἤδη ἀνήφθη[14]. Occupandosi del caso, A. Baker rileva che anche nella versione siriaca dell'omelia manca una particella che corrisponda al τί greco e avanza l'ipotesi che il tutto si possa spiegare tenendo presente che la Peshitta siriaca ha un costrutto senza la particella, interrogativa o meno[15].

Con la testimonianza successiva entriamo nel delicato terreno dei testi per i quali dobbiamo tuttora affidarci al Migne. Ma, analizzando caso per caso, è possibile avere precisi punti di orientamento e pervenire a conclusioni non aleatorie.

Un commento a Isaia di cui è discussa l'autenticità dell'attribuzione a Basilio di Cesarea è accreditato della seguente recensione di Lc 12,49b nell'edizione Garnier riprodotta nel Migne:

καὶ ἤθελον ἰδεῖν εἰ ἤδη ἀνήφθη[16],

che come tale è registrata nell'apparato di *The Gospel*.

---

[12] Con questo intendiamo che Metodio in comune con lo Pseudo Ippolito (e con lo Pseudo Macario che subito citeremo) ha anche la lezione εἰς τὴν γῆν invece di ἐπὶ τὴν γῆν.

[13] Ci riferiamo in particolare alle indagini del Quispel che collocano «Macario» (e la tradizione testuale neotestamentaria da lui rappresentata) nel solco della tradizione siriaca cui si iscrivono anche gli Atti di Tommaso, Afraate e il *Liber Graduum* e che fa capo al Vangelo di Tommaso e al Diatessaron. Numerosi contributi dello studioso olandese su questo plesso di tradizioni sono raccolti in G. Quispel, *Gnostic Studies* I-II, Uitg. van het Nederl. Hist.-Archaeol. Inst. te Istanbul XXXIV,1-2, Istanbul 1974 e 1975 (per noi in particolare: *The Syrian Thomas and the Syrian Macarius*, ibi, II, pp. 113-121, già in *VigChr* 18 [1964] 226-235). Cfr. anche G. Quispel, *Makarius, das Thomasevangelium und das Lied von der Perle*, Suppl. to *NT* 15, Leiden 1967; Id., *Macarius and the Diatessaron of Tatian*, in: *A Tribute to Arthur Vööbus*, ed. by R. H. Fischer, Chicago 1977, pp. 203-209. Si veda tuttavia la nota seguente.

[14] Pseudo Macario, *Hom.* 25,9 (PTS 4, Berlin 1966, p. 204). Segnaliamo che è questo stesso testo che è registrato anche come Evagrio Pontico, *De mal. cogit.* 44 nell'apparato di *The Gospel* I, p. 294. Si veda anche sotto, nota 41 e contesto. Si terrà presente che la tradizione testuale relativa a Macario-Simeone è ancora lontana da un accertamento definitivo. In un'altra collezione di omelie, ad esempio, la citazione di Lc 12,49 è edita secondo il testo corrente (cfr. *Serm.* III,3,6 e VIII,4,5, GCS Makarius-Symeon I, pp. 33 e 123).

[15] Su questo torneremo. Cfr. A. Baker, *Syriac and the Scriptural Quotations of Pseudo-Macarius*, JTS 20 (1969) 142-143. Riguardo ad ἤθελον lo studioso annota che nel codice Vatic. gr. 429 «the first letter H is made to look like TI» (142, nota 3).

[16] Basilio di Cesarea(?), *Enarr. in proph. Is.* IX,19 (PG 30,521B). L'opera è posta tra i *dubia* in CPG II,2911.

In realtà, se si considera la nota *ad locum* dell'editore[17], si apprende che ἰδεῖν c'è in un solo manoscritto, l'attuale Paris. gr. 486, ed è accolta dal Garnier quale «felice congettura». Interessante anche l'annotazione, sempre del Garnier, secondo cui le precedenti edizioni hanno τί ἤθελον contro tutti i codici, il che conferma la direzione di intervento in cui i moderni editori hanno imitato gli antichi copisti. Gli altri manoscritti utilizzati dal Garnier hanno, quanto a loro, in due casi la lezione: καὶ ἤθελον εἰ ἤδη ἀνήφθη, cioè la recensione di Pseudo Ippolito, Metodio e Pseudo Macario, e in due casi invece καὶ ἤθελον εἰ ἤδη ἐκάη.

Anche quest'ultima variante è degna di nota, in quanto non isolata: uno degli innumerevoli frammenti sui salmi attribuiti dalle catene ad Origene (la cui autenticità non è mai ovviamente scontata) presenta — in forma peraltro non criticamente accertata — il seguente testo di Lc 12,49b: καὶ ἤθελον εἰ ἤδη ἐκαίη[18]. Ritroveremo ἐκάη ancora in Origene e in Didimo Alessandrino.

Veniamo ora a Giovanni Crisostomo, di cui registriamo cinque citazioni di Lc 12,49 in cui appaia anche 49b. Le edizioni riprese nel Migne danno in un solo caso il testo corrente (τί θέλω)[19], in tre casi la variante τί ἤθελον[20] e in un caso la nostra variante ἤθελον[21]. Anche in quest'ultimo caso, tuttavia, la nota dell'editore in Migne (Field) è rivelatrice. Ad ἤθελον annota: «Vulgo τί ἤθελον, sed τί deest in meis praeter F. etiam in Mosqq.»[22]. Se riandiamo alle analoghe situazioni esaminate (Pseudo Ippolito, Metodio, Basilio [?]), aggiungendovi quella, che subito citeremo, di Teodoreto di Ciro, non si potrà che concludere che la lezione nota al Crisostomo era ἤθελον, per lo più modificata per congettura — sotto l'influsso del testo evangelico — in τί ἤθελον, e riallineata al testo corrente in *De poen.* 6,1[23].

Quanto a Teodoreto, l'apparato di *The Gospel* lo accredita della lezione ἤθελον in qualità di «variante». In realtà anche qui, se si va a vedere nel Migne il caso conclamato[24], si può constatare come la supposta va-

---

[17] Nota 61 in PG 30,521D.
[18] ORIGENE(?), *Fr. in ps. 67* (J. B. PITRA, *Analecta Sacra* III, Venetiis 1883, p. 80). Indipendentemente dall'autenticità questa è comunque un'ulteriore attestazione della nostra variante.
[19] Cfr. GIOVANNI CRISOSTOMO, *De poenit.* 6,1 (PG 49,313).
[20] Cfr. ID., *Exp. in ps.* 44,5 (PG 55,190); *In Ioh. hom.* 34,1 e 45,3 (PG 59,193 e 254-255).
[21] Cfr. ID., *In Matth. hom.* 6,4 (PG 57,68).
[22] Su questi codici cfr. l'introduzione dello stesso Field, PG 57,VI-VII.
[23] È chiaro che su tutto il discorso pesa la parzialità (e a volte la casualità) della tradizione manoscritta presa in esame per queste edizioni tra le decine o centinaia di codici crisostomici.
[24] Cfr. TEODORETO DI CIRO, *In Cant.* 4 (PG 81,188A). È l'edizione dello Schulze, condotta sul solo Monac. 559.

riante sia in realtà la lezione del manoscritto e come il τί θέλω del testo sia dovuto all'editore Schulze, che ancora una volta manifesta qual è la naturale tendenza di ogni copista/editore.

Siamo così arrivati a totalizzare finora sette autori che sono testimoni della lezione ἤθελον. Poiché tuttavia nei casi in cui finora abbiamo potuto sottoporre a verifica la variante τί ἤθελον questa si è rivelata una derivazione secondaria della variante precedente, proponiamo di aggiungervi — con il minimo di riserva doverosa e possibile — i quattro autori[25] (per lo più nel Migne) per i quali abbiamo una lezione τί ἤθελον non sottoponibile a verifica con gli strumenti attualmente a disposizione: si tratta di Marco Eremita[26], di Didimo Alessandrino[27], di Esichio di Gerusalemme[28] e di Cirillo Alessandrino[29].

Arriveremmo in tal modo ad un totale di undici autori, più di quanti se ne possano reperire per il *textus receptus*. La cosa ha ovviamente mero valore statistico, nondimeno la prima attestazione sicura della recensione corrente si ha, come accennato in apertura, solo con Eusebio di Cesarea[30]. L'altro autore per il quale è ripetutamente attestato il testo corrente è Cirillo Alessandrino[31]. Per il resto, oltre ai casi già menzionati dello Pseudo Macario[32] e di Crisostomo, *De poen.* 6,1, abbiamo uno Pseudo Crisostomo assegnato ad Apollinare di Laodicea[33] ed uno a Esichio di

---

[25] In realtà è più esatto parlare di attestazioni che di autori, dato che si tratta di situazioni che talora contrastano con l'abituale *usus* dello scrittore (Didimo e Cirillo) e comunque si inseriscono in un quadro di tradizione testuale tutto da verificare.

[26] Cfr. MARCO EREMITA, *De bapt.* (PG 65,996C). Si segnalano punti di contatto di questo autore con Macario-Simeone: cfr. O. HESSE, *Markos Eremites und Symeon von Mesopotamien*, Göttingen 1973. Cfr. anche A. GRILLMEIER, *Marco Eremita e l'origenismo*, CrSt 1 (1980) 9-58. Si tratta comunque di un personaggio non ben identificato: cfr. J. GRIBOMONT, *Marc le moine*, in: *Dictionnaire de Spiritualité* X, Paris 1980, 274-283 (con bibliografia).

[27] Cfr. DIDIMO ALESSANDRINO, *In ps.* 37,19 (PG 39,1345).

[28] Cfr. ESICHIO DI GERUSALEMME (= Ps. Crisostomo: cfr. CPG III,6554.3), *In ps.* 80,3 (PG 55,727). Ad attestare l'incertezza della tradizione relativa ad Esichio si vedano qui sotto le note 34 e 78.

[29] Cfr. CIRILLO ALESSANDRINO, *Comm. in Mal.* III,3 (P. E. Pusey, II, p. 600). Da notare che il Migne dà invece il testo corrente (PG 72,336B), il che conferma la precarietà delle indicazioni non critiche. Si terrà dunque presente che se è vero che le altre cinque citazioni di Lc 12,49 in Cirillo seguono il testo corrente, è vero anche che tre di esse sono date solo dal Migne.

[30] Cfr. EUSEBIO DI CESAREA, *Dem. eu.* VI,13,9; VI,25,2 (GCS 23, pp. 263 e 294). Cfr. anche *Comm. ps.* 17. 45 (PG 23,172. 405).

[31] Cfr. CIRILLO ALESSANDRINO, *Comm. in Luc.*, lemma 12,49 (PG 72,752D); *In ps.* 49,3 (PG 69,1076); *Fr. in Ier.* 23,29 (PG 70,1453); *Comm. in Ioh.* 2,5; 3,1 (P. E. Pusey III, pp. 287 e 369).

[32] Cfr. sopra, nota 14.

[33] *In s. Pascha* II,11 (SCh 36, p. 85). Cfr. E. CATTANEO, *Trois homélies pseudo-chrysostomiennes sur la Pâque comme oeuvre d'Apollinaire de Laodicée*, TH 58, Paris 1981.

Gerusalemme[34], due frammenti delle catene attribuiti a Origene ma per noi certamente spuri[35], un caso in un'opera di Basilio di contestata autenticità[36] e un caso in Cirillo di Gerusalemme[37].

A far da cerniera c'è, come spesso in circostanze analoghe, Origene, la cui peculiare situazione ci mette in comunicazione anche con la tradizione latina.

L'area siriaca

Prima però conviene esplorare un ambito di estremo interesse per un riscontro incrociato, cioè la pista siriaca.

Da una parte infatti è stata proprio questa pista che ha permesso di sciogliere nel modo tuttora più soddisfacente il nesso τί θέλω εἰ di Lc 12,49b: la Vetus Syra (codici *Curetonianus* e *Sinaiticus*) ha un testo parallelo a quello greco ma con le particelle *mâ* (per τί), che in siriaco ha valore esclamativo oltre che interrogativo, ed *'ellû* (per εἰ), che in siriaco è usata anche per introdurre una desiderativa[38]. Questa la traduzione di Lc 12,49b che dava F. C. Burkitt: «E come vorrei che già fosse stato appiccato!»[39]. Se il Connolly utilizzava l'argomento in appoggio alla tesi della conoscenza del siriaco da parte di Luca, altri sono risaliti piuttosto fino ad un retroterra aramaico per Lc 12,49, per cui τί ed εἰ celerebbero le particelle ebraiche *mâ* e *lû*: le difficoltà di tradurre Lc 12,49b sarebbero pertanto legate al fatto che esso non è un'espressione greca ma una «mistranslation of an Aramaic original»[40]. Si può intuire quanto tutto que-

---

[34] *Fr. in ps.* 79 (PG 93,1256).

[35] *Sel. in ps.* 17 (PG 12,1236C); *Exc. in ps.* 17 (PG 17,112A).

[36] *De bapt.* I,2 (U. Neri, Brescia 1976, p. 278).

[37] *Cat.* 17,8 (J. Rupp, II, München 1860, p. 260).

[38] Cfr. R. H. CONNOLLY, *Syriacisms in St. Luke*, JTS 37 (1936) 376-378 (374-384). A p. 377 si cita l'esempio di un testo siriaco con la medesima costruzione di Lc 12,49b, che già il Burkitt (v. nota seguente) riteneva un idiomatismo siriaco. Importante appare soprattutto l'apporto di *'ellû* per spiegare il nesso θέλω εἰ che, come vedremo a suo luogo, molto ha impegnato gli studiosi. Si veda ora, in tema con la nostra problematica, S. P. BROCK, *The treatment of Greek particles in the Old Syriac Gospels, with special reference to Luke*, in: *Studies in New Testament Language and Text*. Essays in honour of George D. Kilpatrick, Suppl. to *NT* 44, Leiden 1976, pp. 80-86 (si occupa di ἄρα, γάρ, δέ, οὖν): le conclusioni suggeriscono grande cautela nell'uso della Vetus Syra con particelle, perché si creano facilmente i presupposti per situazioni equivoche.

[39] «And how I would, if already it had been kindled!» (cfr. F. C. BURKITT, *Evangelion da-Mepharreshe*, Cambridge 1904, II, p. 78). In realtà il *Sinaiticus* ha il verbo «volere» alla terza singolare (il che è ritenuto una svista) e la particella *mâ* preceduta da *dĕ*, che la rende un pronome relativo e altera il costrutto, esigendo una copula nel tradurre: «Ciò che vorrei (è che) fosse già stato appiccato» (cfr. CONNOLLY, *Syriacisms*, cit., p. 376).

[40] Cfr. M. BLACK, *An Aramaic Approach to the Gospels and Acts*, Oxford 1967³, p. 123.

sto incida sulla diffusa convinzione che fa del versetto un *ipsissimum verbum*. Vi torneremo.

In secondo luogo, abbiamo visto sopra trattando dello Pseudo Macario che la pista siriaca può fornire un parallelo ad una recensione di Lc 12,49b senza particelle vuoi interrogative vuoi esclamative. Sempre di Macario-Simeone menzioniamo qui un altro passo — non criticamente accertato — in cui Lc 12,49 si presenta in questa forma: Πῦρ ἦλθον βαλεῖν ἐπὶ τὴν γῆν, καὶ ἠθέλησα εἰ ἤδη ἀνήφθη[41]. Tenuto conto che la Peshitta registra una recensione di Lc 12,49b senza il *mâ/τί*, testi come quello di Macario-Simeone e come quelli con la nostra variante ἤθελον sollevano il problema se vi sia stato un interscambio tra greco e siriaco (ma in quale direzione e a quale epoca?) o se ambedue siano testimoni paralleli di un recensione indipendente del versetto lucano.

È chiaro che a questo punto — a fronte delle divergenti recensioni della Vetus Syra e della Peshitta — una parola decisiva e chiarificatrice spetterebbe al Diatessaron, sia per arcaicità sia per la diretta interconnessione tra greco e siriaco che esso rappresenta[42]. Ma viene alla luce, in tal modo, il dato più singolare e sorprendente della tradizione siriaca, cioè l'insistita reticenza a darci un testo per Lc 12,49b.

Già per Vetus Syra e Peshitta non abbiamo potuto produrre fin qui alcun testimone diretto delle loro recensioni, ma nel caso del Diatessaron i tentativi di ricostruzione basati sull'escussione della letteratura siriaca fino al V secolo hanno avuto come risultato la forzata rinuncia a dare un testo sia per Lc 12,49b sia per Lc 12,50b.

Questa la ricostruzione di Lc 12,49-50 cui perviene I. Ortiz de Urbina:

Fuego he venido a traer a la tierra.
Y tengo que bautizarme con bautismo.[43]

---

[41] PSEUDO MACARIO, *De cust. cordis* 12 (PG 34,836A). Si tratta in realtà in un centone delle omelie della collezione A (Vatic. gr. 710).

[42] Cfr. B. M. METZGER, *The Early Versions of the New Testament. Their Origin, Transmission and Limitations*, Oxford 1977, pp. 10-36. Per lo *status quaestionis* sul Diatessaron cfr. CPG I, pp. 44-53. Cfr. anche M. BLACK, *The Syriac Versional Tradition*, in *Die alten Übersetzungen des Neuen Testaments, die Kirchenväterzitate und Lektionare*. Der gegenwärtige Stand ihrer Erforschung und ihre Bedeutung für die griechische Textgeschichte, hrsg. von K. ALAND, Arbeiten zur nt. Textforschung 5, Berlin-New York 1972, pp. 120-159 (il Diatessaron avrebbe preceduto e influenzato la versione siriaca dei vangeli separati) e T. BAARDA, *Early Transmission of Words of Jesus. Thomas, Tatian and the Text of the New Testament*. A collection of studies selected and edited by J. HELDERMAN and S. J. NOORDA, Amsterdam 1983.

[43] Cfr. *Vetus Evangelium Syrorum et exinde excerptum Diatessaron Tatiani*, ed. curavit I. ORTIZ DE URBINA, Biblia Polyglotta Matritensia, ser. VI, Matriti 1967, p. 277. Vi si utilizzano gli scrittori siriaci fino alla metà del sec. V, le opere nelle versioni dal siriaco (ove questo sia perduto) e le versioni siriache di opere greche. Alle pp. 60 e 160 le attestazioni dei nostri due versetti (praticamente il solo Efrem). È interessante per noi anche il

E questa invece quella del Molitor:

Ignem veni ut iaciam in terra (= terram)
Et exsistit mihi (= habeo) iterum ut baptizer baptismo.[44]

Del resto, l'unico autore che fornisce materiale in siriaco per questo tipo di ricerca è Efrem Siro, il quale nel *Commento al Diatessaron* non fa riferimento alcuno a Lc 12,49 e altrove cita ripetutamente solo Lc 12,49a[45].

In assenza di testimoni siriaci, è importante — ma anche molto delicato, per l'impossibilità di una verifica diretta — il ricorso alle versioni del Diatessaron. A noi interessano le due che sono anche considerate le più consistenti tra le vestigia del testo tazianeo, cioè quella araba e quella persiana[46].

La versione araba (prima metà del sec. XI[47]) di Lc 12,49-50 si presenta così nella traduzione latina fattane dal Ciasca:

Ignem veni mittere in terram:
et vellem ut iam accensus esset.
Baptismo autem habeo baptizari:
et multum coarctor, usquedum perficiatur.[48]

La versione persiana (sec. XIII) suona invece così nella traduzione italiana che risente nella forma dell'intenzione di essere strettamente letterale:

---

fatto che nella ricostruzione della struttura del Diatessaron Lc 12,49-50 sono inseriti nella sezione dei discorsi escatologici prima della passione (cfr. *ibi*, p. XIII).

[44] Cfr. J. MOLITOR, *Tatians Diatessaron und sein Verhältnis zur altsyrischen und altgeorgischen Überlieferung*, OrChr 55 (1971) 26, con la precisazione che «iterum» è peculiare di Taziano e non anche delle antiche versioni siriache.

[45] Cfr. ad es. *Hymn. epiph.* 8,7 (CSCO 187, p. 158) e *Hymn. eccl.* 1,8 (CSCO 199, p. 3). Si vedano comunque le referenze nelle ricostruzioni citate nelle due note precedenti. Cfr. anche L. LELOIR, *L'Évangile d'Éphrem d'après les oeuvres éditées*, CSCO 180, Subs. 12, Louvain 1958, p. 85.

[46] Cfr. A. HIGGINS, *Tatian's Diatessaron and the Arabic and Persian Harmonies*, in: *Studies in New Testament Language and Text*, cit., pp. 246-261. Vi si afferma che le due armonie sono in più punti strettamente correlate quanto al testo e che «non infrequentemente» contengono lezioni pre-Peshitta e tazianee (p. 246), per concludere: «Of all the Harmonies these two of the eastern Diatessaron tradition are the most valuable for the task of recovering Tatian's text» (p. 259). Sulle armonie occidentali pende l'irrisolta questione se esse dipendano tutte, come vuole B. Fischer (v. sotto), dall'armonia del codice Fuldense, il cui testo è stato assimilato alla Vulgata.

[47] Cfr. T. BAARDA, *The Author of the Arabic Diatessaron*, in: *Miscellanea Neotestamentica* I, Suppl. to *NT* 47, Leiden 1978, pp. 61-104.

[48] *Diat. ar.* XXVII (*Tatiani evangeliorum harmoniae arabice*, nunc primum ex duplici codice edidit et translatione latina donavit P. Augustinus CIASCA, Romae 1888, p. 48).

Venni affinché getti fuoco sulla terra,
e volevo che dal principio serpeggiasse.
E ho un battistero (= battesimo) in cui mi battezzi,
e però molto paziente nel dolore, finché si compia.[49]

La versione persiana, che gode anche di maggior credito rispetto a
quella araba[50], *presuppone la stessa recensione* che si esprime in greco nella variante ἤθελον per τί θέλω, ma la stessa cosa si deve supporre anche
per l'imperfetto congiuntivo con cui è resa la versione araba e che esprime
correttamente il modo condizionale della desiderativa («vorrei», «avrei
voluto»)[51]. Pertanto queste versioni — che non sono comunque ricon-
ducibili alla Vetus Syra — o ci trasmettono la lezione del Diatessaron
(che dunque coinciderebbe con la variante di cui ci stiamo occupando)[52]
o attestano il possibile punto di convergenza tra la recensione registrata
dalla Peshitta e quella rappresentata dalla nostra variante, attraverso i diversi modi e tempi verbali con cui le varie lingue rendono il valore desiderativo.
  Un'altra testimonianza virtualmente molto importante ma non meno
problematica delle precedenti è costituita da una siriaca *Expositio evangelii* giuntaci però soltanto nella versione armena sotto il nome di Efrem
Siro[53]. Le tre parti di quest'opera composita trattano i temi ascetici cari
al cristianesimo siriaco e sono state in passato assegnate ad un'epoca an-

---

    [49] *Diat. pers.* I,64 (vers. G. Messina, *Diatessaron persiano*, BibOr 14, Roma 1951,
p. 85).
    [50] A. Higgins, all'apprezzamento per le due armonie citato qui sopra in nota, aggiun-
ge: «The Persian, however, ... is in many other instances a more valuable witness to the
Tatianic text» (*Tatian's Diatessaron*, cit., p. 259). Lo studio opera uno *specimen* su Lc 1
condotto in base anche alle armonie occidentali, a Efrem, alla Vetus Syra e alla Peshitta e
distinto in tre sezioni in base alla concordanza o meno delle armonie araba e persiana tra
loro e con la Peshitta. Queste le conclusioni: «The Peshitta text of the Persian Harmony is
in all five cases in (ii) an older Syriac text; to these are to be added the three agreements of
the Persian with Ephraem's Syriac text in (iii), and also old or Tatianic readings in five of
its disagreements with the Arabic and Peshitta in (i) 2» (*ibi*, p. 258). Per una messa a punto circa le relazioni tra Diatessaron, Vetus Syra e Peshitta cfr. il citato saggio di Black,
The Syriac Versional Tradition e, dello stesso autore, *The Syriac New Testament in Early
Patristic Tradition*, in: *La Bible et les Pères*. Colloque de Strasbourg (1er-3 octobre 1969),
Paris 1971, pp. 263-278.
    [51] In Gal 4,20, ad esempio, la Vulgata traduce ἤθελον con *vellem*. Anche in italiano
va tradotto (quando regge l'infinito) con «avrei voluto», così come τί θέλω viene ordina-
riamente tradotto con «come vorrei».
    [52] In assenza di un riscontro esterno, che nel nostro caso, come abbiamo visto, non
può venire dalla letteratura siriaca, si tratta tutt'al più di un argomento di tipo negativo,
in quanto siamo in presenza di una lezione che non è spiegabile con il ricorso alle altre antiche versioni siriache.
    [53] Cfr. *Saint Ephrem. An Exposition of the Gospel*, edited and translated by G. A.
Egan, CSCO 291-292, Louvain 1968.

teriore ad Afraate e addirittura attribuite a Taziano, e il testo del loro vangelo si riteneva fosse stato influenzato da quello marcionita[54]. L'editore Egan è invece propenso a confermare l'unitarietà dell'opera e l'attribuzione ad Efrem proposta dalla tradizione[55]; nondimeno afferma che l'importanza del trattato è legata proprio alla critica testuale del Nuovo Testamento, in quanto esso sarebbe testimone di una recensione pre-Peshitta discendente dal Diatessaron e dalla Vetus Syra[56]. A questo punto, lasciando aperta una questione su cui non possiamo pronunciarci[57], ecco come suona Lc 12,49 nella *Expositio* in base alla versione di Egan:

> Sono venuto a gettare fuoco sulla terra,
> e vorrei che fosse già acceso.[58]

Come si può notare, la recensione è conforme proprio alla Peshitta e non alla Vetus Syra. È, questo, un testimone della recensione che, se siamo verso la fine del IV secolo, sta per essere codificata nella Peshitta, o di una recensione più antica, magari tazianea, che sopravvivrà nella Peshitta? E come inquadrare in rapporto a questa la recensione del Diatessaron persiano? Ne è uno sviluppo (e magari ἤθελον è una «variante di ritorno» dal siriaco in greco) o è da essa indipendente, come è indipendente dalla Vetus Syra?

La pista siriaca, pur così gravida di dati importanti e suggestivi, rimane dunque in sospeso. Nondimeno, da una parte il silenzio della letteratura siriaca[59], proprio perché non fortuito, deve costituire un preciso

---

[54] Sulle posizioni della critica cfr. G. A. EGAN, *An Analysis of the Biblical Quotations of Ephrem in «An Exposition of the Gospel» (Armenian Version)*, CSCO 443, Subs. 66, Lovanii 1983 (si tratta però di uno studio del 1968, accompagnatorio dell'edizione di cui alla nota precedente, pubblicato senza aggiornamento), pp. 38-46. Il saggio di Egan è diretto soprattutto contro le tesi di J. Schäfers, per il quale l'opera riunisce tre scritti distinti, di cui il primo ha intento antimarcionita ed ha citazioni neotestamentarie influenzate dal vangelo di Marcione. A J. R. Harris si deve invece un poco convinto tentativo di identificare la seconda delle tre sezioni dell'opera con il perduto «Sulla perfezione secondo il Salvatore» di Taziano, e di provare poi l'identità di mano per le tre parti (cfr. J. RENDELL HARRIS, *Tatian: Perfection According to the Saviour*, BJRL 8 [1924] 15-51).

[55] Cfr. CSCO 291, cit., pp. IX-XVIII, in particolare XVII-XVIII.

[56] Cfr. EGAN, *An Analysis*, cit., p. 53.

[57] Sono però forti gli argomenti con cui B. Outtier contesta ad Egan sia l'attribuzione ad Efrem (già negata a suo tempo anche dal Burkitt), sia la presunta unitarietà dell'opera, che sarebbe invece di tre distinti autori: cfr. B. OUTTIER, *Une explication de l'évangile attribuée à Saint Éphrem. À propos d'une édition récente*, ParOr 1 (1970) 385-407.

[58] «I came to cast fire upon the earth, and I wish that it were already kindled» (EFREM[?], *Exp. ev.* 19, CSCO 292, p. 13).

[59] Come detto, al di fuori delle versioni non abbiamo nessun testimone siriaco di Lc 12,49b. Anche Egan, là ove correda le citazioni della *Expositio evangelii* di un ricco apparato relativo alla tradizione siriaca, nulla riporta per il nostro versetto (cfr. *An Analysis*,

elemento di valutazione nell'indagine su Lc 12,49: basterà qui anticipare
che anche per l'antica versione latina dei vangeli circolante in Africa (la
cosiddetta Afra) non si è in grado di ricostruire un testo di Lc 12,49b;
dall'altra va registrato e tenuto presente che in versioni siriache dei vangeli e in versioni dal siriaco riscontriamo una recensione di Lc 12,49b che
non contempla alcuna particella corrispondente al τί greco (e quindi nessuna proposizione interrogativa o esclamativa), fino alla testimonianza
(Diatessaron persiano) di una variante — per la quale non si può né provare né escludere un'origine tazianea — assolutamente aderente a quella
greca (ἤθελον) di cui ci stiamo occupando. In ogni caso l'area della nostra ricerca coinvolge in maniera sostanziale e suscettibile di potenziali fecondi sviluppi[60] il prezioso patrimonio del cristianesimo siriaco.

Excursus: il Vangelo di Tommaso e la Pistis Sophia

Un'altra possibilità straordinariamente ricca di illuminare la tradizione siriaca poteva essere il Vangelo di Tommaso, giuntoci in copto ma
ascritto ai circoli di Edessa del 150 circa d.C. Il *logion* 10 così recita:

> Ait Iesus quia: Ieci ignem super mundum (κόσμος),
> et ecce servo eum donec ardeat.[61]

Molto si è discusso sul rapporto del Vangelo di Tommaso con la tradizione sinottica ed in particolare con quella lucana, senza poter compor-
re la contrapposizione tra chi ritiene l'apocrifo testimone di una tradizione indipendente dai sinottici (e quindi testimone non di Luca ma di una
fonte che ha in comune con Luca) e chi invece ritiene che esso rielabori
materiale sinottico[62]. Un procedimento equilibrato, comunque, esige che

---

cit., p. 11). Per apprezzare il valore di questa reticenza va tenuto presente che i dossier sopra menzionati registrano diverse citazioni di Lc 12,49a.
    [60] Cfr. quanto detto sopra circa la possibilità di un collegamento tra le piste rappre-
sentate dalla Peshitta (cfr. ad es. la *Expositio evangelii*), dal Diatessaron (cfr. le versioni
araba e persiana) e dai testimoni greci di ἤθελον. Rimane allo stato attuale irrisolvibile la
precisazione dei tempi (all'epoca di Taziano?), dei modi (tramite il Diatessaron? o il Testo
occidentale?) e della direzione (dal greco al siriaco o viceversa?) — senza trascurare un
possibile ruolo delle retroversioni — di un contatto che certamente c'è stato fra la tradizione greca e quella siriaca.
    [61] Vers. G. GARITTE in: *Synopsis quattuor evangeliorum*, locis parallelis evangeliorum
apocryphorum et patrum adhibitis edidit K. ALAND, Stuttgart 1969⁶, p. 518. Cfr. la versione italiana di L. MORALDI, *Apocrifi del Nuovo Testamento*, Torino 1971, I, p. 485: «Gesù
disse: 'Ho gettato fuoco sul mondo e lo custodisco fino a che divampi'».
    [62] Cfr. B. DEHANDSCHUTTER, *L'Évangile selon Thomas: témoin d'une tradition préluca-
nienne?*, in: *L'Évangile de Luc. Problèmes littéraires et théologiques. Mémorial L. Cerfaux*,
ed. F. NEIRYNCK, BEThL 32, Gembloux 1973, pp. 287-297, soprattutto pp. 287-290, ove si
troveranno gli schieramenti a favore di una tradizione indipendente (note 2, 11, 15) o di
una dipendenza dai sinottici (nota 19). A difendere la prima tesi ha dedicato numerosi stu-

anche una volta provata la dipendenza o meno di un singolo *logion* non si estenda la conclusione a tutti i *logia* di tipo sinottico[63].

Nel caso, tuttavia, del *logion* 10 questa problematica ci sembra resa vana dal preponderante intervento redazionale che ha compromesso la possibilità di identificare la fonte[64] allo scopo di rendere la sentenza assolutamente funzionale all'ideologia gnostica. L'idea del «fuoco» che il Salvatore ha *già* portato nascostamente nel «mondo» (invece di «terra»)[65] ma non è ancora divampato è congeniale al mito gnostico della purificazione finale — nel fuoco — dell'elemento spirituale da ogni legame con l'elemento ilico e con la sfera delle potenze mondane. È del resto in riferimento ai seguaci di Eracleone che Clemente Alessandrino cita Lc 12,49a[66]. Ma più chiara di ogni argomentazione è la testimonianza diretta di Ireneo, che così riassume la dottrina valentiniana sul destino finale

---

di G. Quispel, tra cui *L'Évangile selon Thomas et le Diatessaron*, VigChr 13 (1959) 87-117; *Some Remarks on the Gospel of Thomas*, NTS 5 (1958-59) 276-290; *The Gospel of Thomas and the Gospel of the Hebrews*, NTS 12 (1965-66) 371-382; *Tatian and the Gospel of Thomas. Studies in the History of the Western Diatessaron*, Leiden 1975. Contro la presenza nel Vangelo di Tommaso di tradizioni indipendenti e/o anteriori ai sinottici si schiera J.-É. Ménard, *La tradition synoptique et l'Évangile selon Thomas*, in: *Überlieferungsgeschichtliche Untersuchungen*, hrsg. von F. Paschke, TU 125, Berlin 1981, pp. 411-426. Il citato studio di Dehandschutter è diretto contro la tesi dell'indipendenza (e segnatamente contro T. Schramm, *Der Markus-Stoff bei Lukas*, Soc. N. T. Studies Mon. Ser. 14, Cambridge 1971, soprattutto pp. 9-21) e si allinea alle conclusioni già di H. Schürmann, *Das Thomasevangelium und das lukanische Sondergut*, BZ 7 (1963) 236-260 (ripreso in *Traditionsgeschichtliche Untersuchungen zu den synoptischen Evangelien*, Düsseldorf 1968, pp. 228-247), che afferma: «Thomas bezeugt uns nicht die vorkanonischen Quellen oder eine vorkanonische Quelle, aus der der Evangelist Lukas sein Sondergut geschöpft hat» (p. 259); e ancora: «Thomas ist — in einzelnen Logien — von der lukanischen Redaktion, d.h. aber: vom kanonischen Lukasevangelium abhängig» (*ibidem*, con riferimento anche al *logion* 10).

[63] Così O. Cullmann, *Das Thomasevangelium und die Frage nach dem Alter der in ihm enthaltenen Tradition*, ThLZ 85 (1960) 332 (321-334). Per questo vi sono studiosi che accettano la dipendenza solo in alcuni casi: cfr. ad es. R. McL. Wilson, *Studies in the Gospel of Thomas*, London 1960, pp. 51-52.

[64] W. Schrage (che è favorevole alla tesi della dipendenza) afferma per parte sua che non essendo rilevabili in Lc 12,49 elementi redazionali, non è possibile stabilire se il *logion* 10 dipenda o meno da Luca (cfr. *Das Verhältnis des Thomasevangeliums zur synoptischen Tradition und zu den koptische Bibelübersetzungen*, BZNW 29, Berlin 1964, p. 49; sul *logion* 10 cfr. pp. 49-51).

[65] «Mondo» e «fuoco» sono nozioni care al Vangelo di Tommaso. Sul mondo — sempre negativamente connotato — cfr. i *logia* 21, 27, 56, 110. Il *log.* 82 recita: «Colui che è vicino a me è vicino al fuoco. Colui che è lontano da me è lontano dal regno» (vers. Moraldi, *Apocrifi*, cit., I, p. 497).

[66] Cfr. *Ecl. proph.* 26,5 (GCS 17, p. 144) (Clemente non ha nessun'altra citazione di Lc 12,49, e quindi nessuna in assoluto di 49b). L'alessandrino parla del «fuoco che divora» di Deut 4,24 per dire che è un simbolo positivo della potenza di Dio, e non una figura della sua malvagità, e continua: «Circa questa potenza il Signore dice: 'Sono venuto a portare fuoco sulla terra', cioè la potenza che purifica i santi e, come sostengono loro, annienta gli 'ilici' ovvero, come diciamo noi, li istruisce».

degli uomini e del cosmo: «Quanto agli spirituali, essi si spoglieranno delle loro anime e, divenuti spiriti di pura intelligenza, entreranno in maniera incomprensibile ed invisibile all'interno del pleroma per essere dati come sposi agli angeli che circondano il Salvatore. ... (Ireneo descrive qui le varie fasi di questo processo)... Avvenuto tutto questo, *il fuoco che è nascosto nel mondo divamperà* (is qui latet in mundo ignis exardescens...) e ghermirà la materia tutta consumandola e consumandosi con essa per svanire nel nulla»[67]. A nostro parere, dunque, il *logion* 10 del Vangelo di Tommaso non interessa la tradizione del testo di Lc 12,49.

Un documento gnostico, pure in copto (ma da un originale greco), che cita e commenta Lc 12,49-50 è invece la cosiddetta *Pistis Sophia*[68], nella sezione che è assegnata alla prima metà del sec. III[69]. Come per il greco, la citazione solleva problemi di interpretazione a livello testuale, come palesa il fatto che la traduzione a suo tempo data dallo Schmidt e quella della MacDermot sono tra loro divergenti. Il primo così traduce Lc 12,49 e 50 (nel testo non sono dati di continuo):

> «Sono venuto a gettare fuoco sulla terra,
>   e ciò che desidero (è) che bruci
>   (oppure: e come desidero che bruci!)».
> «Ho un battesimo per battezzare in esso,
>   e come sopporterò[70] fino a che sia compiuto».[71]

La seconda invece ha:

> «Sono venuto a gettare fuoco sulla terra,
>   e che cosa desidero se non che bruci?».
> «Ho un battesimo in cui devo essere battezzato,
>   e come sopporterò fino a che sia compiuto?».[72]

---

[67] IRENEO, *Adv. haer.* I,7,1 (SCh 264, pp. 100-102).

[68] Cfr. *Pistis Sophia*. Text edited by C. SCHMIDT. Translation and Notes by V. MacDERMOT, Nag Hammadi Studies 9, Leiden 1978. Né il Vangelo di Tommaso né la *Pistis Sophia* rientrano tra le categorie di fonti registrate nell'apparato di *The Gospel*.

[69] Sono i libri I-III (il caso che ci interessa è nel III). Il libro IV è un'opera distinta, assegnata alla seconda metà del III secolo. Vi troviamo questa ricorrenza di Lc 12,49a: «Per questo vi ho detto: 'Sono venuto a gettare fuoco sulla terra', cioè sono venuto a purificare con il fuoco i peccati del mondo intero» (IV, 141).

[70] Ἀνέχεσθαι nel testo copto, invece di συνέχεσθαι.

[71] *Pistis Sophia* III,116 (GCS 45, Berlin 1954, pp. 194-195): «Ich bin gekommen, Feuer auf die Erde zu werfen, und was wünsche ich, daß es brenne». «Ich habe eine Taufe, in ihr zu taufen, und wie werde ich es ertragen bis daß sie vollendet». È questa una riedizione, rivista da W. Till, di GCS 13, Leipzig 1905. La traduzione del nostro passo non è stata mutata.

[72] Ed. cit., p. 300: «I have come to cast fire upon the earth, and what will I except that it burns?». «I have a baptism to be baptised with, and how will I suffer until it be fullfilled?». Subito sopra, nel medesimo capitolo, ricorre una prima volta la medesima citazione evangelica, solo che la MacDermot separa Lc 12,49a da 49b («'... upon the earth'; and

Si riproduce qui la situazione già vista per la Vetus Syra, in cui il *Curetonianus* rende il τί con una particella che può avere valore sia esclamativo (*quam volo!*) che interrogativo (*quid volo?*), mentre il *Sinaiticus* la rende come pronome relativo (*quod volo*), che richiede di integrare la traduzione con una copula.

Il fatto è che il copto, come il siriaco, ha il medesimo costrutto per la proposizione interrogativa e quella esclamativa, e probabilmente era l'intonazione a distinguere il pronome interrogativo. Il contesto, come subito vedremo, ammette entrambi i costrutti, ma ci sembra preferibile l'interrogativo per il parallelismo con Lc 12,50b, che in base all'«esegesi» di Maria Maddalena (v. sotto) esige la forma interrogativa.

Quanto a 12,50a, il verbo copto, senza complemento oggetto, può avere valore sia attivo sia medio-passivo; l'analogia col modello greco suggerirebbe di preferire il passivo (in copto troviamo la stessa costruzione per rendere Mc 10,38: τὸ βάπτισμα ὃ ἐγὼ βαπτίζομαι), ma è possibile che l'autore della *Pistis Sophia* abbia inteso sfruttare la predetta ambiguità depistando verso il valore attivo, che è più consono al contesto.

Ciò che a noi importa è che *Pistis Sophia* presuppone la normale recensione greca di Lc 12,49b, con la lezione τί θέλω.

Ecco comunque, nel suo contesto, la traduzione per noi più plausibile del passo di cui ci siamo occupati (*Pistis Sophia* III,116). A parlare è Maria Maddalena:

> La parola che tu hai detto: «Io sono venuto a gettare fuoco sulla terra, e che cosa voglio se non che bruci?» significa questo, o mio Signore: Tu hai portato nel mondo i misteri dei battesimi, e ciò che desideri è che essi consumino tutti i peccati delle anime e le purifichino. E di nuovo hai poi chiaramente distinto dicendo: «Io ho un battesimo per battezzare con esso, e come sopporterò fino a che sia compiuto?», cioè tu non resterai nel mondo fino a che i battesimi siano compiuti e le anime purificate.[73]

Origene e il mondo latino

Origene è l'autore di lingua greca in cui ricorre il maggior numero di attestazioni di Lc 12,49b: oltre ai due casi (di autenticità molto improbabile e comunque non criticamente accertati) in cui gli viene accre-

---

also: 'What will I...'»). Il testo copto autorizza una simile traduzione, anche se probabilmente si tratta di una suggestione del copista, che usa la formula frequentemente usata nel testo per rilanciare gli interventi di Maria Maddalena. Questo e i seguenti ragguagli sul testo copto sono dovuti all'amabilità e alla competenza del Dr. Pierre Cherix (lettera del 13.7.89).

[73] Su questa linea anche le traduzioni italiane di M. ERBETTA, *Gli apocrifi del Nuovo Testamento* I,1, Torino 1975, p. 487 e di MORALDI, *Apocrifi*, cit., I, p. 689.

ditato il testo corrente[74] e quello (ugualmente insicuro nell'attribuzione e nel testo) che gli attribuisce la variante ἤθελον[75], abbiamo un'altra decina di citazioni di Lc 12,49, senza nondimeno che ci sia dato di avere in forma patente il testo greco corrente. Il fatto è che nella maggioranza dei casi siamo alle prese con le traduzioni latine di Girolamo e Rufino, per cui si vengono a sovrapporre le tradizioni della fonte e del traduttore.

Occupiamoci innanzitutto dei due casi per i quali abbiamo il greco. Nella *Esortazione al martirio* c'è, più che una citazione, una parafrasi del nostro versetto, là ove Origene afferma che Gesù «non è venuto a portare sulla terra (ἦλθε βαλεῖν ἐπὶ τὴν γῆν) solo la spada (cfr. Mt 10,34) ma anche il fuoco, circa il quale dice: θέλω εἰ ἤδη ἀνήφθη»[76]. È questo un modo per aggirare le difficoltà del greco puntando al senso che si dà al versetto[77], oppure è un indizio della tradizione che non prevede il τί e che abbiamo segnalato nella Peshitta e, ad esempio, nella *Expositio evangelii* attribuita ad Efrem[78]?

Anche la seconda traccia è alquanto «sporca», perché è tratta da una sezione della *Filocalia* che risale ad un'opera perduta di Origene[79]. Lc 12,49 vi è citato nel seguente testo:

Πῦρ ἦλθον βαλεῖν ἐπὶ τὴν γῆν, καὶ εἴθε ἤδη ἐκάη.[80]

Questa variante estemporanea trova un interessante riscontro nella tradizione origeniana in Didimo Alessandrino, che dà ripetutamente questo testo di Lc 12,49b: καὶ εἴθε ἤδη ἀνήφθη[81]. Essa inoltre è certamente origeniana perché in due opere distinte di Origene la traduzione di Girolamo rende alla lettera la recensione qui sopra citata:

Ignem veni mittere super terram, et utinam iam ardeat![82]

---

[74] Cfr. sopra, nota 35.

[75] Cfr. sopra, nota 18.

[76] Origene, *Ex. mart.* 37 (GCS 2, p. 35).

[77] Una situazione analoga si ha in Didimo, *In Gen.* 1,20-23 (SCh 233, pp. 122 + 125), dove si parla della «luce celeste» che Gesù ἦλθεν... ἐπὶ γῆς βαλεῖν θέλων ἤδη αὐτὸ ἐξαφθῆναι.

[78] Segnaliamo anche, astenendoci da un impossibile giudizio di valore, due frammenti attribuiti ad Esichio di Gerusalemme giuntici solo nella versione latina, nei quali Lc 12,49 ricorre nella seguente forma: «Ignem veni mittere in terram et volo ut accendatur» (Esichio di Gerusalemme, *In Lev.* VI e VII, PG 93,1046D e 1102A).

[79] Cfr. CPG I, n. 1413.

[80] Origene, *Philoc.* 27,8 (SCh 226, p. 294). Riappare qui il verbo καίω che già abbiamo incontrato in Origene(?), *Fr. ps.* 67 e Basilio(?), *En. in proph. Is.* IX,19 (cfr. sopra, note 16 e 18 e contesto).

[81] Cfr. Didimo Alessandrino, *In Zach.* III,95 (SCh 84, p. 666); V,8 (SCh 85, p. 970); V,53 (*ibi,* p. 996, senza καὶ).

[82] Origene, *In Is. hom.* 4,4 (GCS 33, p. 262); *In Ez. hom.* 5,1 (GCS 33, p. 372). Que-

In una delle due opere, le *Omelie su Ezechiele*, si trova anche un'altra recensione di Lc 12,49, del seguente tenore:

Ignem veni mittere super terram, et quam volo ut accendatur![83]

Quest'ultima è singolarmente vicina (con la sola differenza di «in terram» invece di «super terram») a quella che per ben cinque volte Rufino riporta inalterata nelle sue traduzioni di opere origeniane[84]. Tutto fa pensare, dunque, che si debbano ascrivere allo stesso Origene due distinte recensioni di Lc 12,49b[85], di cui una è quella qui sopra riportata della *Filocalia* e l'altra corrispondente al testo corrente: καὶ τί θέλω εἰ ἤδη ἀνήφθη[86].

Questo il quadro della situazione. Vediamo ora in che termini esso sollecita la nostra indagine.

Un primo problema è dato dalla recensione καὶ εἴθε ἤδη ἐκάη/*et utinam iam ardeat!*, che non è rilevabile nella tradizione patristica se non per le tracce lasciate dallo stesso Origene in Didimo e Girolamo. L'assenza di lezioni analoghe nelle versioni e nelle letterature non greche ci rafforza

---

sta recensione non compare in nessuna delle 14 citazioni di Lc 12,49 nelle opere originali di Girolamo (v. sotto).

[83] ORIGENE, *In Ez. hom.* 1,3 (GCS 33,324). In *In Luc. hom.* 26,1 (SCh 87, p. 338) troviamo la seguente traduzione di Girolamo: «Ignem veni mittere super terram, et quam volo ut iam ardeat».

[84] Cfr. ORIGENE, *In Lev. hom.* 5,3 (SCh 286, p. 216); 9,1 e 9,9 (SCh 287, pp. 74 e 114); *In Num. hom.* 13,1 (GCS 30, p. 109); *In Ios. hom.* 15,3 (SCh 71, p. 338). La medesima recensione troviamo anche nella traduzione di Rufino delle *Recognitiones* pseudoclementine (*Rec.* 6,4): se esse denunciano dunque la mano del traduttore latino, nondimeno certamente sottendono un testo greco nella recensione corrente.

[85] Questo, in altre parole, il nostro ragionamento: in un'unica opera origeniana tradotta da Girolamo ci sono due diverse recensioni di Lc 12,49b, di cui l'una compare anche nella versione latina di un'altra opera di Origene, ma un corrispettivo letterale in greco in un passo preso da Origene e non è mai usata dal traduttore nelle opere originali; l'altra rende il testo greco corrente e corrisponde a quella costantemente usata da un altro autore (Rufino) nel tradurre Origene. Quindi le due recensioni non sono introdotte da Girolamo (il che sarebbe già di per sé inverosimile nel corso della medesima opera).

[86] Ci sembra che questa conclusione dimostri quanto sia criticabile la scelta operata dai curatori di *The Gospel* di registrare le citazioni presenti nelle traduzioni latine di opere origeniane solo sotto il nome dei traduttori (Girolamo, Rufino) senza neppure un rinvio ad Origene o un richiamo sotto il nome di Origene. Uno studioso della competenza del Frede, riferendosi alla possibilità che una traduzione latina palesasse il modello greco dell'originale, affermava: «Für die Vetus Latina unerhebliche Varianten können in solchen Fällen bei der Verwendung im Apparat einer griechische Ausgabe wichtig werden, besonders wenn der griechische Text des Autors nicht erhalten ist» (H. J. FREDE, *Bibelzitate bei Kirchenvätern. Beobachtungen bei der Herausgabe der «Vetus Latina»*, in: *La Bible et les Pères*. Colloque de Strasbourg [1er-3 octobre 1969], Paris 1971, p. 95).

Un'ultima osservazione: è possibile che l'oscillazione *ardeat/accendatur* (la seconda è la lezione delle versioni latine dei vangeli), che troveremo ancora nei Padri latini, risalga a quella greca tra ἐκάη e ἀνήφθη.

nell'idea che si tratti di una riscrittura del versetto per renderne in modo inequivocabile il senso, che nella forma τί θέλω εἰ poteva dar luogo — come ha dato — ad equivoci[87]. Rimane però imprecisato se questa riformulazione di Lc 12,49b si debba allo stesso Origene o se l'alessandrino l'abbia raccolta da altra fonte. Quello che è certo è che la doppia recensione presuppone l'aver recepito il valore esclamativo e non interrogativo di τί e il valore desiderativo e non ipotetico di (θέλω) εἰ, sollevando così un secondo problema: chi e per quale via è giunto a questo?

Se è stato lo stesso Origene, si può pensare che l'accostamento all'ebraico per i suoi studi biblici gli abbia fatto intuire il possibile retroterra semitico di Lc 12,49. In ogni caso a noi pare probabile che quella comprensione del versetto lucano debba essere avvenuta per contatto con una lingua non greca (ebraico? siriaco?), producendo poi in greco la riformulazione del versetto nella forma più corretta e non equivoca attestata dalla *Filocalia*.

Il problema si ripropone per Girolamo, che, come visto, traduce da Origene il testo corrente di Lc 12,49b con: «et quam volo ut iam ardeat/et quam volo ut accendatur», e che, soprattutto, nelle sue opere originali si attiene costantemente a questa versione di Lc 12,49:

> Ignem veni mittere super terram et quam volo ut ardeat.[88]

Com'è giunto Girolamo[89] a sciogliere il testo greco corrente di Lc 12,49b in una forma che anticipa la soluzione data dai moderni contro tutta la tradizione greca sia neotestamentaria che patristica, cui sempre era stata attribuita la forma interrogativa? Come per Origene si deve rispondere che se è stato lui stesso a concepire l'interpretazione, lo si deve alla famigliarità con le lingue semitiche che gli ha svelato la possibile accezione non greca dell'espressione. L'altra possibilità, per noi più probabile, è che l'abbia ricavata dallo stesso Origene, grazie alla recensione che ha trovato nelle omelie origeniane su Ezechiele ed Isaia e che ha tradotto

---

[87] È singolare che più di uno studioso moderno abbia fatto ricorso alla costruzione con εἴθε (= utinam) quale forma greca classica per illustrare il valore esclamativo e desiderativo di Lc 12,49 (cfr. sotto, c. II, nota 10).

[88] Cfr. *Comm. in Matth.* I (CCLat 77, p. 18); *Comm. in Is.* X,30 (CCLat 73, p. 398); *Comm. in Zach.* II,9 (CCLat 76A, p. 827); *Comm. in Mich.* I,1 (CCLat 76, p. 428) ecc.: complessivamente ben 14 citazioni di Lc 12,49 in cui si mantiene *sempre lo stesso testo*: nell'omelia *In die dom. Pasch.* (CCLat 78, p. 546) si deve perciò accogliere la lezione «super terram» (ed.: «in terram») conformemente agli altri 13 casi; questa omelia coincide con Ps. AGOSTINO, *Serm.* 159 (l'apparato di *The Gospel* le riporta come testimonianze distinte), ed è interessante rilevare che nell'edizione maurina del Migne il testo di Lc 12,49b suona: «et quid volo nisi ut ardeat» (PL 39,2058), cioè è conformato alla recensione latina corrente, secondo un fenomeno a noi ormai ben noto.

[89] Questa impostazione del problema presuppone che si dia per scontato che Rufino abbia improntato a Girolamo la sua versione di Lc 12,49.

con «utinam iam ardeat». Tra l'altro le *Omelie su Ezechiele* sono una delle prime traduzioni di Girolamo da Origene, certamente la prima in cui ricorra Lc 12,49.

Ma il dato più sorprendente, anche in ordine alla nostra ricerca, è che la versione geronimiana *rimane isolata nella tradizione latina*[90] e, soprattutto, *non se ne trova traccia nella Vulgata e in tutta la connessa tradizione manoscritta*[91]. Ora, se c'è nella Vulgata una sezione del Nuovo Testamento che certamente Girolamo ha rivisto di prima mano, sono i vangeli[92]. Invece, le ricostruzioni del testo geronimiano attingono recensioni vicine a quelle già della Vetus Latina (o meglio, come vedremo, del testo «europeo»). L'edizione curata da R. Weber, che dà il testo senza segni di interpunzione, presenta questa versione di Lc 12,49:

Ignem veni mittere in terram
et quid volo si (var.: nisi/nisi ut) accendatur[93].

Quanto alla Vetus Latina, essa veniva tradizionalmente distinta in Afra e Itala[94], mentre oggi meglio si parla di testo africano e di testo eu-

---

[90] Ci sono solo due tarde attestazioni del testo di Girolamo («et quam volo ut ardeat») in Ps. Teofilo Antiocheno (Gallia, circa 470-529), *Comm. in quattuor evang.*, prol. 3 (PLS 3,1286) e in Verecondo (vescovo africano morto intorno al 552), *In cant. Deut.* XXII (PLS 4,78). Una versione vicina a quella con cui Rufino e Girolamo traducono Origene («et quam volo ut accendatur») si ha in Filastrio di Brescia, *Div. her.* 156,7 (CCLat 9, p. 322): «Ignem veni mittere in mundum: quam (var.: quem) volo ut accendatur ocius».

[91] Per l'esplorazione delle versioni latine dei vangeli abbiamo avuto come punto di riferimento la messa a punto di B. Fischer, *Das Neue Testament in lateinischer Sprache. Der gegenwärtige Stand seiner Erforschung und seine Bedeutung für die griechische Textgeschichte*, in: *Beiträge zur Geschichte der lateinischen Bibeltexte*, Vetus Latina. Aus der Geschichte der lateinischen Bibel 12, Freiburg 1986, pp. 156-274 (già in *Die alten Übersetzungen des Neuen Testaments, die Kirchenväterzitate und Lektionare*, cit., pp. 1-92). Per gli aspetti metodologici cfr. pp. 166-175; in particolare, per il ruolo delle citazioni patristiche, pp. 167-168.

[92] Su questo insiste Fischer, *Das Neue Testament*, cit., pp. 163, 173, 184 nota 66. Sul testo della Vulgata per quanto riguarda i vangeli cfr. pp. 220-239; per i criteri fondamentali di recensione testuale cfr. pp. 234-235.

[93] Cfr. *Biblia Sacra iuxta vulgatam editionem* recensuit R. Weber, II, Stuttgart 1983³, p. 1634. È l'edizione che fa testo. L'edizione Sisto-clementina (1592) aveva: «Ignem veni mittere in terram, et quid volo nisi ut accendatur?». La Neo-Vulgata recentemente promulgata da Giovanni Paolo II (Città del Vaticano 1979) invece recita: «Ignem veni mittere in terram et quid volo? Si iam accensus esset!». Cfr. *La Bibbia «Vulgata» dalle origini ai nostri giorni. Atti del Simposio Internazionale in onore di Sisto V*. Grottammare (AP) 29-31 agosto 1985, a cura di T. Stramare, CBLa 16, Abbazia di San Girolamo e Libreria Vaticana 1987, in particolare J. Gribomont, *Aux origines de la Vulgate*, pp. 12-20.

[94] Punto di riferimento è l'edizione curata da A. Jülicher e rivista da W. Matzkow e K. Aland (*Itala. Das Neue Testament in altlateinischer Überlieferung*, Berlin 1938-1963), che dà in parallelo la ricostruzione della Afra e della Itala. Per il vangelo di Luca l'edizione rivista e corretta è del 1976.

ropeo[95], nel senso, più esattamente, di testo africano e testo non africano[96]. Nel nostro caso la testimonianza della Afra per un verso è molto interessante ma per l'altro è da considerarsi con molta cautela. Questo il testo di Lc 12,49:

Nescitis, quia ignem veni mittere in terram?[97]

Da una parte il dato si salda con quanto a suo luogo rilevato per il Diatessaron, le cui ricostruzioni in base alla letteratura siriaca (non in base alle versioni) non prevedono Lc 12,49b.

Dall'altra, trovandosi la lezione «nescitis, quia» nell'armonia evangelica del codice *Fuldensis* (F) e nel cosiddetto Diatessaron olandese, viene talora accreditata a Taziano una lezione οὐκ οἴδατε ὅτι πῦρ[98].

La cautela di cui sopra va esercitata innanzitutto perché il testo citato è semplicemente quello del codice *e* (*Palatinus*), non essendoci Lc 12,49 in *k* (che non ha Luca) né nel terzo testimone basilare del testo africano, cioè Cipriano[99].

In secondo luogo, allo stato attuale ci sembra che la soluzione più economica circa il ruolo e i rapporti delle versioni latine con Taziano e il Testo occidentale sia quella appoggiata dallo stesso Fischer[100], che preve-

---

[95] Contro l'equivoco concetto di «Itala» cfr. FISCHER, *Das Neue Testament*, cit., pp. 163-164; sui testi africano ed europeo, pp. 169-173; per i relativi criteri metodologici di critica testuale, pp. 178-187.

[96] Il testo africano, cioè, è molto più chiaramente individuabile (cfr. FISCHER, *Das Neue Testament*, cit., pp. 196-201), grazie soprattutto al codice *k* (*Bobiensis*) — purtroppo molto lacunoso — ritenuto assai prossimo all'originaria versione Afra. Per il testo europeo (cf. *ibi*, pp. 202-204) — i cui testimoni principali sono i codici *b* (*Veronensis*), *ff*² (*Corbeiensis* I) e *i* (*Vindobonensis*) — il problema testuale si fa sempre più complesso per le contaminazioni e gli influssi locali e, ovviamente, per la presenza condizionante della Vulgata, per cui spesso abbiamo a che fare con «testi misti» (cfr. *ibi*, pp. 205-207). Merito del Fischer — e dell'Istituto di Beuron — è di salvaguardare questa complessità della tradizione testuale da una concezione troppo lineare di sviluppo per tempi ed aree: cfr. le critiche all'edizione di Jülicher (*ibi*, pp. 201-202).

[97] A. JÜLICHER, *Itala*, cit., III: *Lucas-Evangelium*, p. 154.

[98] Ad esempio nell'apparato di A. MERK, *Novum Testamentum graece et latine*, Romae 1964⁹, p. 252. In effetti la lezione si riscontra in 2 codici greci (X e 213) della famiglia Cᶜ della recensione cesareense. Essa può dunque risalire al Testo occidentale.

[99] Inoltre *e* rappresenta uno stadio in cui già ci sono contaminazioni col testo europeo, per cui non può essere considerato un puro testimone del testo africano (cfr. FISCHER, *Das Neue Testament*, cit., pp. 198-199). Nondimeno l'assenza di Lc 12,49b nella Afra è indirettamente appoggiata dal fatto che Agostino per ben 16 volte (cfr. gli estremi in *The Gospel* I, p. 294) cita il solo v. 49a. Certo, Agostino non conosce solo la Afra (è lui a coniare il termine «Itala»), ma è anche vero che nella recensione latina comunemente recepita non gli avrebbe posto alcun problema il v. 49b («e cosa voglio se non che si accenda?»); nessuno scrittore africano anteriore ad Agostino ci dà un testo di 49b: lo stesso Tertulliano nell'unico caso in cui cita Lc 12,49 si limita al solo 49a (cfr. *Adv. Marc.* IV,29,12).

[100] Cfr. *ibi*, pp. 211-217.

de una priorità del Testo occidentale su Taziano e le versioni latine, per cui le concordanze tra i secondi passerebbero attraverso il primo, senza presupporre legami diretti[101]. Le armonie occidentali, poi, risalirebbero tutte al Fuldense, il cui testo è stato conformato da Vittore di Capua alla Vulgata[102]; le loro lezioni particolari non sarebbero «tazianismi» ma adeguamenti a recensioni locali[103]. La questione va comunque considerata ancora aperta anche perché non tutte le indicazioni, anche nella nostra indagine, vanno in questa direzione.

Del resto — tornando al nostro discorso — anche alcuni dei maggiori testimoni del testo europeo hanno prima di «ignem» le lezioni «nescitis quoniam» (b) o «nescitis quia» (ff², l). Per il resto la recensione base del testo europeo della Vetus Latina è la stessa sopra riportata per la Vulgata:

Ignem veni mittere in terram
et quid volo si (var.: nisi/ut) accendatur[104].

Un caso a parte è costituito dal celebre codice bilingue di Beza (D)[105], che riporta affiancati il testo greco e quello latino; per quest'ulti-

---

[101] Le consonanze tra latino e siriaco diventano, in questa prospettiva, «Randzeugen für den griechischen Westlichen Text» (ibi, p. 217). La tesi opposta, com'è noto, prevede che Taziano abbia influito sul Testo occidentale e sulle versioni latine, le quali dunque al loro sorgere sarebbero state delle armonie: le concordanze di un testo latino-siriaco sarebbero vestigia del testo tazianeo (così ad es. H. J. Vogels). Fischer nega sia la precedenza di un'armonia latina sui vangeli divisi, sia l'esistenza di un'armonia pre-tazianea (la fantomatica Vetus Romana), e afferma che Taziano ha composto il Diatessaron come «Missionsschrift» in rapporto al suo ritorno in patria, usando anche testimoni «occidentali» (anche in senso geografico): di qui le consonanze con lezioni latine.

[102] Su questo importante codice si veda ora il ragguaglio di E. SCHICK, Il codice di Fulda. Storia e significato di un manoscritto della Volgata del secolo VI, in: La Bibbia «Vulgata», cit., pp. 21-29.

[103] Cfr. FISCHER, Das Neue Testament, cit., pp. 217-219. Non è dato dunque sapere, secondo Fischer, di quanto il Diatessaron latino fosse precedente all'operazione di Vittore. Com'è noto, poi, quella del legame tra il Diatessaron latino e quello di Taziano è questione tutt'altro che risolta. Il Fischer comunque sottolinea la tendenza all'«armonizzazione» come tendenza naturale che è alla base di numerose varianti soprattutto patristiche; tanto meno perciò bisogna riportare a Taziano ogni lezione armonizzante. Per Lc 12,49b, comunque, il Fuldense («quid volo nisi ut accendatur?»), il Diatessaron veneto (StT 81, p. 95: «e que voio io se no ke arda?») e il Diatessaron toscano (ibi, p. 286: «Dunque che voglio se non che s'accenda?») si attengono alla recensione più comune della tradizione latina (v. sotto).

[104] Cfr. l'apparato in dettaglio in A. JÜLICHER, Itala, cit., III, p. 154.

[105] Cfr. H. W. BARTSCH, Über den Umgang der frühen Christenheit mit dem Text der Evangelien. Das Beispiel des Codex Bezae Cantabrigiensis, NTS 29 (1983) 167-182; J. N. BIRDSALL, The geographical and cultural origin of the Codex Bezae Cantabrigiensis, in: Studien zum Text und zur Ethik des Neuen Testaments. Festschrift H. Greeven, hrsg. von W. SCHRAGE, BZNW 47, Berlin 1986, pp. 102-114.

mo abbiamo una versione di Lc 12,49b che si discosta da quelle di tutte le altre versioni latine e rende alla lettera il testo greco corrente:

Ignem veni mittere in terram
et quid volo si iam accensus est.

Questo rafforza, a nostro avviso, la tesi del Fischer secondo cui il testo latino del *codex Bezae* non deriva da un Diatessaron latino (come voleva ad es. H. J. Vogels) ma è una pedissequa traduzione del testo greco che sta a fronte o comunque una versione che ad essa è stata energicamente ricondotta[106].

La versione «letterale» registrata dal codice di Beza ha due altri testimoni in Ilario di Poitiers e Paolino di Nola[107].

Invece l'attestazione massiccia dei Padri latini è a favore della recensione interrogativa qualificata da *nisi* o *nisi ut*, con la scomparsa di ἤδη/*iam* e con il verbo finale al presente[108].

Su questa recensione convergono anche le tradizioni testuali che fanno capo alla Vetus Latina e alla Vulgata, benché il testo base ricostruito per entrambe reciti, come abbiamo visto, «et quid volo *si* accendatur», recensione di cui non abbiamo reperito nessuna testimonianza indiretta.

Come interpretare questa situazione? Secondo noi i problemi legati alle versioni latine sono problemi di interpretazione e non di lezione. Punto di partenza è un testo difficile (che forse qualcuno, vedi *e*, preferisce tralasciare); punto d'arrivo è il desiderio attuale di Gesù che divampi il fuoco che è venuto a portare sulla terra[109]. Le varianti *nisi/nisi ut* sono un

---

[106] Cfr. FISCHER, *Das Neue Testament*, cit., pp. 208-211, in particolare 210-211, con bibliografia.

[107] Cfr. ILARIO, *Tr. in ps. CXIX*, 14 (CSEL 22, pp. 553); PAOLINO DI NOLA, *Ep.* XX,7 (con la variante «incensus») e XLIV,6 (CSEL 29, pp. 148 e 376).

[108] «Et quid volo nisi ut accendatur?»: AMBROGIO, *Exp. ps. CXVIII*, 13,2 (CSEL 62, p. 281) («nisi iam» in *Exp. ev. sec. Luc.* VII,130, CCL 14, p. 258); CESARIO DI ARLES, *Serm.* 169,8 (CCLat 104, p. 695); PIETRO CRISOLOGO, *Serm.* 164,1.5 (CCLat 24B, pp. 1010.1012); MASSIMO DI TORINO, *Serm.* 4,1 (CCLat 23, p. 13) = Ps. AGOSTINO, *Serm.* 206,1 (PL 39,2127) (nell'apparato patristico di *The Gospel* sono riportate come attestazioni distinte, e nell'apparato critico come due testimonianze della lezione «nescitis quia» prima di «ignem»); Ps. AGOSTINO, *Serm.* Caillau-Saint-Yves 2, App. 69, III (PLS 2,1122); ID., *Serm.* 182,4 (PL 39,2090). «Et quid volo nisi ut ardeat»: PROSPERO DI AQUITANIA, *De voc. gent.* I,8 (PL 51,655A) ANONIMO AFRICANO (sec. V-VI: *Clavis* 857), *Serm. 3 in pentec.* (PLS 3,1415); GIUSTO DI URGEL, *Serm. de S. Vinc.* (PLS 4,238); cfr. sotto, nota 113. «Et quid volo nisi accendatur»: CROMAZIO DI AQUILEIA, *Tract.* XI,5 (CCLat 9A, p. 241). Si terrà presente che spesso le oscillazioni sono legate a scelte degli editori tra le varie alternative offerte dai codici. Si diffiderà, poi, delle versioni limitate al Migne, che non rendono ragione di eventuali interventi posteriori (cfr. sopra, nota 88).

[109] Questo fuoco è per lo più interpretato in riferimento all'amore che Cristo ac-

adattamento della lezione all'interpretazione una volta che τί θέλω è tradotto con *quid volo* e quindi costretto nel senso interrogativo[110], e lo stesso si deve supporre per la scomparsa di *iam* (a meno che lo si intenda nel
senso di «prontamente», «subitaneamente»[111]) e per l'uso del verbo al
presente.

La traduzione «letterale» (Ilario, Paolino, codice di Beza) costringe
ad una traduzione/interpretazione riduttiva («che cosa voglio, dal momento che è già acceso?»), che non trova accoglienza tra i Padri latini (un
po' ne trova tra i moderni: v. più avanti).

La versione «quid volo si accendatur» può essere ricondotta all'interpretazione più diffusa ponendo il punto interrogativo dopo «volo»:
«E che voglio? Oh si accendesse!»[112], ma la forzatura ci sembra evidente
e confermata dal fatto che la tradizione indiretta ignora anche questa
lettura.

Rimane il problema, già sollevato, di giustificare la lezione della Vulgata a fronte del fatto che Girolamo nelle traduzioni da Origene e nelle
opere originali costantemente si attiene all'interpretazione «corretta» del
testo greco corrente: «et quam volo ut ardeat!». La cosa più probabile è
che si sia qui verificato un risucchio (o la resistenza) da parte di una tradizione troppo radicata per accettare lo sconvolgimento rappresentato dalla
nuova lezione[113]. Sappiamo del resto quali opposizioni abbia incontrato
la versione geronimiana e quanto la Vetus Latina abbia continuato a con-
taminare la tradizione risalente alla Vulgata[114].

In conclusione, la tradizione latina denuncia certamente una situazione complessa, con intrecci ancora da chiarire tra i filoni della Ve-

---

cende negli uomini o allo Spirito Santo da lui inviato (e sceso in forma di fiamma sugli
apostoli nel cenacolo). Il collegamento più frequente è con l'episodio dei discepoli di
Emmaus, che alle parole di Gesù sentivano «ardere» il loro cuore (cfr. Lc 24,32). V. sotto
il c. III.

[110] Un processo analogo si sviluppa a fronte del testo copto di *Pistis Sophia* di cui
abbiamo sopra trattato. Una volta che la particella corrispondente a τί è intesa come pronome interrogativo, il contesto interpretativo esige un intervento correttivo del tipo di *nisi*
(MacDermot: «What will I *except that* it burns?», mentre la traduzione di Schmidt era
piuttosto: «Come desidero che bruci!»).

[111] Così, secondo noi, Filastrio di Brescia nel passo citato sopra, nota 90: «ut accendatur *ocius*»; cfr. anche Ambrogio, qui sopra nella nota 108.

[112] Su questa linea cfr. la citata Neo-Vulgata, Città del Vaticano 1979, p. 1883: «et
quid volo? Si iam accensus esset!».

[113] Forse ne abbiamo un esempio concreto nell'unica versione da Origene di Lc 12,49
tuttora affidata al Migne che è anche l'unica in cui la traduzione di Rufino segue la recensione latina tradizionale: «Ignem veni mittere in terram, et quid volo nisi ut ardeat?»
(ORIGENE, *Hom. I in ps. XXXVIII*,7, PG 12,1396C). Un intervento diretto su di uno scritto
di Girolamo è attestato dallo pseudoagostiniano *Serm.* 159 rispetto all'omelia *In die dom.
Paschae* (v. sopra, nota 88).

[114] Cfr. FISCHER, *Das Neue Testament*, cit., p. 185 e soprattutto 220 con nota 162.

tus Latina e tra Vetus Latina e Vulgata, come pure con il Testo occidentale ed, eventualmente, il Diatessaron. Ma per noi ora tutto questo ha
scarsa incidenza perché si tratta di problemi che non coinvolgono il testo greco e il cui intreccio è successivo all'univoca assunzione della recensione greca. Nessuna pista nella tradizione latina autorizza a presupporre un testo greco di Lc 12,49 diverso da quello corrente. In particolare, nessuna pista conduce ad un qualche corrispettivo della nostra variante ἤθελον.

CAPITOLO SECONDO

KAI HΘEΛON EI HΔH ANHΦΘH

Abbiamo condotto una dettagliata esplorazione della tradizione testuale di Lc 12,49, con lo scopo ultimo di assodare la presenza e la consistenza di una tradizione patristica che legge nel seguente modo il versetto lucano:

Πῦρ ἦλθον βαλεῖν εἰς τὴν γῆν, καὶ ἤθελον εἰ ἤδη ἀνήφθη.

Questa tradizione esiste ed è più consistente di quanto lasciavano intravedere strumenti critici anche aggiornati e qualificati, come l'edizione lucana di *The Gospel*.

Dal punto di vista quantitativo essa è forse anche superiore — parliamo sempre di tradizione indiretta — a quella che trasmette il testo corrente, né meno qualificata è per quanto attiene all'arcaicità: le attestazioni più antiche — Pseudo Ippolito e Metodio — precedono quelle (palesi) del testo corrente, e il radicamento già nel II secolo sarebbe anche qualitativamente corroborato se veramente essa risultasse essere la lezione del Diatessaron o ad esso sottesa (a seconda se fu composto in greco o in siriaco).

Quanto alla lezione corrente, bisogna dire che se le prime attestazioni esplicite in greco si hanno con Eusebio di Cesarea, la nostra indagine ha nondimeno appurato che essa è presupposta da una serie di versioni di testimoni che possiamo collocare nella prima metà del III secolo, cioè la versione latina di omelie di Origene, quella delle *Recognitiones* pseudoclementine e la versione copta della *Pistis Sophia* (né si dimenticherà la testimonianza indiretta della Vetus Syra).

Ci sembra interessante che, ad una osservazione complessiva e a distanza, le tradizioni esaminate si suddividano, secondo uno schema già verificato, in due filoni principali, con Origene che svolge un decisivo ruolo di cerniera. Da una parte, infatti, il testo corrente di Lc 12,49 ha positive e ripetute attestazioni solo in un filone «alessandrino» che comprende Origene, Eusebio e Cirillo Alessandrino; dall'altra la variante ἤθελον è riconosciuta da un filone che si può chiamare «siro-asiatico» e che comprende Pseudo Ippolito, Metodio, Pseudo Macario, Marco Eremita, Crisostomo, Teodoreto e le versioni orientali del Diatessaron. Questa impostazione conduce diritto al problema dell'origine delle due lezioni e, soprattutto, della loro autenticità.

Prima però dobbiamo chiederci se la variante da noi rilevata ha una sua consistenza anche sotto il profilo linguistico-letterario, che è uno dei problemi che da sempre hanno travagliato l'interpretazione di Lc 12,49b.

Lc 12,49b è brutto greco, e questo ha fatto specie in un autore come quello di Luca e Atti, da sempre accreditato di buona sensibilità per la lingua greca[1]. Una prima soluzione consiste nel dire che quel greco non è di Luca, e se lo ha mantenuto in questa forma oscura è perché quella sentenza aveva l'autorità di un *ipsissimum verbum*. Una seconda soluzione consiste nel dire che quel greco cela un costrutto aramaico mal servito da una traduzione letterale greca. Anche in questo caso si avvalora l'ipotesi di avere in Lc 12,49 una sentenza dello stesso Gesù.

La questione principale è dunque quella di stabilire se abbiamo a che fare o meno con una espressione greca[2].

In caso di risposta affermativa — e intendendo quindi la proposizione come una interrogativa — bisogna leggere 49b nel modo proprio già della versione latina del codice di Beza: «Et quid volo si iam accensus est?»[3]. Questa lettura però toglie ogni pregnanza al verbo θέλω e presuppone che il fuoco che Gesù è venuto a portare sia già acceso, il che va contro il contesto, soprattutto se si ammette che il fuoco cui si allude è quello del giudizio escatologico[4]. Il volerla mantenere richiede perifrasi logiche ed ellissi teologiche che il redattore del vangelo non può aver preteso dal lettore[5].

---

[1] Cfr. N. TURNER, *The Quality of the Greek of Luke-Acts*, in: *Studies in New Testament Language and Text*, cit., pp. 387-400.

[2] Il problema si intreccia con quello dell'interpretazione della pericope lucana. Per limitarci ai due studiosi che più in dettaglio si sono occupati in anni recenti di Lc 12,49 (e di cui ampiamente riferiremo nel prossimo capitolo), C.-P. März si trova a dover ammettere nel contempo il valore esclamativo del versetto e la sua origine greca, mentre P. Wolf, che riconosce al v. 49 origine semitica, deve estenderla anche al v. 50, contro la tendenza dei dati e della critica.

[3] Così anche la citata versione della Bibbia «Marietti», sotto la direzione di S. GAROFALO, Casale Monferrato 1963, III, p. 179: «Fuoco son venuto a gettare sulla terra, e che voglio se già si accese?».

[4] Il Bruston — che traduce: «et qu'ai-je à désirer s'il a été déjà allumé?» — intende come interrogativo anche il v. 50 («et comment suis-je retenu jusqu'à ce que ce soit achevé?») e, soprattutto, pensa che il τελεσθῇ di tale versetto si riferisca non al battesimo ma al fuoco, per cui il senso di Lc 12,49-50 sarebbe che Gesù ha appiccato il fuoco che è venuto a portare sulla terra e che niente potrà trattenerlo finché non abbia portato a compimento la sua missione (cfr. Ch. BRUSTON, *Une parole de Jésus mal comprise*, RHPhR 5 [1925] 70-71).

[5] Ci riferiamo a tentativi come quello di R. A. WARD, *St. Luke xii.49:* καὶ τί θέλω εἰ ἤδη ἀνήφθη, ExpT 63 (1951) 92-93, il quale si oppone alla 'pista semitica' (e segnatamente a Torrey e Black), affermando: «Can we suppose that St. Luke, who was a master of the Greek language, was guilty of a 'painfully literal mistranslation'?» (*ibi*, p. 92, cui si può rispondere che non è detto che la traduzione risalga a Luca). Ward, dunque, pensa che θέλω sia non un indicativo ma un congiuntivo deliberativo, ed esprima un contesto di

Per mantenere il τί greco interrogativo senza eliminare la volontà positiva di Gesù di compiere la sua missione, si può eliminare ogni connotazione temporale dall'apodosi, in modo da far emergere l'assolutezza del desiderio di Gesù: «Cosa voglio se è già acceso?» verrebbe a significare «Cosa potrei ancora desiderare una volta che fosse acceso?». In quest'ottica le antiche versioni latine («Et quid volo *nisi* accendatur?»)[6] non farebbero che esplicitare un idiotismo che privilegia il nesso τί ... εἰ[7] rispetto a quello θέλω εἰ.

A noi pare, tuttavia, che la forma di Lc 12,49b escluda questa possibilità, che non può prescindere dal conferire alla proposizione un orientamento temporale al futuro, come appunto attesta la tradizione latina che sopprime ἤδη e sostituisce l'aoristo del greco con «accendatur». Proprio l'uso del tempo storico, rafforzato da ἤδη, suggerisce che se εἰ ἤδη ἀνήφθη va classificata tra le proposizioni ipotetiche, essa è un'ipotetica della irrealtà, secondo le regole classiche cui il NT si attiene con buona fedeltà[8].

Un'ultima possibilità di assecondare il naturale valore del τί greco è quella di porre il punto interrogativo dopo θέλω, come fa la recente Neo-Vulgata: «Et quid volo? Si iam accensus esset!»[9]. Anche in questo caso εἰ non dipende da θέλω ma introduce una ottativa, assolvendo al compito che nel greco classico è svolto piuttosto da εἴθε (= utinam)[10].

---

tentazione, in parallelo a Gv 12,27 («Ora il mio animo è turbato, e che devo dire? Padre, liberami da quest'ora?»). Gesù, cioè, trova che il fuoco è già stato acceso e si chiede («che cosa vorrò/debbo volere?») se continuare la sua missione verso la croce o (tentazione) fermarsi lasciando che le cose procedano per loro conto.

[6] Così, ad es., la citata *Bibbia concordata*, a cura della Società Biblica Italiana, s.l. 1968, p. 1755: «Sono venuto a portare il fuoco sulla terra e cosa voglio se non che si accenda?».

[7] Si veda lo studio dedicato al τί οἶδα εἰ di 1 Cor 7,16 — alla luce di analoghe formule dei LXX — da J. JEREMIAS, *Die missionarische Aufgabe in der Mischehe (I Cor 7,16)*, in: *Neutestamentliche Studien für Rudolf Bultmann*, BZNW 21, Berlin 1954, pp. 255-260, riprodotto in J. JEREMIAS, *Abba. Studien zur neutestamentlichen Theologie und Zeitgeschichte*, Göttingen 1966, pp. 292-298.

[8] Cfr. F. BLASS - A. DEBRUNNER, *Grammatica del greco del Nuovo Testamento*. Nuova edizione di F. REHKOPF. Edizione italiana a cura di G. Pisi (sulla 14ª ed. tedesca, Göttingen 1976), Brescia 1982, § 360. Non manca nel NT l'ipotetica della realtà col verbo al passato (2 Tm 2,11), ma εἰ con i tempi con l'aumento esprime normalmente l'ipotesi irreale, «un fatto non accaduto nel passato» (BLASS-DEBRUNNER, loc. cit.). Cfr. ad es. 1 Cor 2,8: εἰ γὰρ ἔγνωσαν («se lo avessero conosciuto ...»); 1 Cor 15,32: εἰ ἐθηριομάχησα («se avessi combattuto con le fiere ...»); Ebr 4,8: εἰ κατέπαυσεν («se avesse dato il riposo ...») ecc.

[9] *Nova Vulgata Bibliorum Sacrorum editio*, Città del Vaticano 1979, p. 1883. Così anche F. W. FARRAR, *Gospel according to Saint Luke*, CBC, Cambridge 1910, p. 281: «What will I? O that it had been already kindled!».

[10] È singolare che più di un moderno (ad es. FARRAR, loc. cit. alla nota precedente, e H. A. W. MEYER, *Commentary on the New Testament*, Edinburgh 1880, p. 165) abbia cercato di spiegare εἰ con ricorso al classico εἴθε, ripercorrendo, forse, l'itinerario di Origene,

Ma la maggioranza degli interpreti assegna al τί di Lc 12,49 valore non interrogativo ma esclamativo, e questo in forza di un modello semitico soggiacente al testo evangelico, modello che avrebbe contemplato la particella *mâ*, che introduce proposizioni sia interrogative sia esclamative[11]. In effetti i paralleli addotti, invero scarsi, di τί usato per introdurre un'esclamativa si trovano nei LXX e traducono l'ebraico *mâ*[12].

La pista semitica è stata rinforzata dalla tesi che vuole l'εἰ di Lc 12,49b ricalcato sull'ebraico *lû* (o sul siriaco *'ellû*), ed è stata difesa soprattutto dal Seper[13]. Questi segnala in effetti degli esempi di proposizioni ottative ebraiche introdotte da *lû* e tradotte dai LXX con εἰ (col valore di «utinam»), in particolare Gs 7,7b: «Fossimo rimasti (εἰ κατεμείναμεν) al di là del Giordano!» e Nm 14,2b: «Fossimo morti (εἰ ἀπεθάνομεν) in questo deserto!». Ma, come lo stesso Seper riconosce[14], in Lc 12,49 è necessario considerare unitariamente i nessi τί θέλω e θέλω εἰ; egli pertanto pensa ad un costrutto ebraico in cui la proposizione ottativa introdotta da *lû* costituisca, come proposizione sostantivata, l'oggetto del verbo *ḥāpeṣ* («desiderare»), cui sarebbe unita per asindeto, e propone di vederne una trasposizione greca nella costruzione con θέλω εἰ di Sir 23,14 e Is 9,4 LXX che tra breve riporteremo. In tal modo si salverebbero, secondo Seper, sia l'indole ottativa di *lû* sia la natura transitiva del verbo ebraico. L'autore si aiuta con l'uso in tedesco della particella «doch», e così giunge a intendere Lc 12,49b: «Und wie sehr wünsche ich, wäre es doch schon entzündet!»[15].

Possiamo a questo punto passare al nostro ἤθελον. È innegabile che questa recensione testuale da una parte mette in ombra la pista semitica e dall'altra mantiene in primo piano il nesso θέλω εἰ.

Una diffusa spiegazione di tale nesso lo fa corrispondere a θέλω ὅτι assimilandolo ai *verba affectus* (θαυμάζω, ἀγαπάω e simili) che tale costruzione prevedono[16]. Un costrutto analogo a quello di Lc 12,49b si ha,

---

che in due casi attesta per Lc 12,49b la recensione καὶ εἴθε ἤδη ἐκάη (tradotto da Girolamo con: «Utinam iam ardeat!»).

[11] Cfr. F. BLASS - A. DEBRUNNER, *Grammatica*, cit., § 299.3, nota 4; CONNOLLY, *Syriacisms*, cit., p. 376; BLACK, *An Aramaic Approach*, cit., p. 123.

[12] BLASS-DEBRUNNER, loc. cit. alla nota precedente, rinviano a 2 Sam 6,20 e a Sal 3,2. Nel secondo caso, però, l'espressione può essere stata intesa come interrogativa dal traduttore (così la trascrive l'edizione del Rahlfs, *Septuaginta*, II, Stuttgart 1965[8], p. 3).

[13] Cfr. F. H. SEPER, ΚΑΙ ΤΙ ΘΕΛΩ ΕΙ ΗΔΗ ΑΝΗΦΘΗ (Lc 12,49b), *VD* 36 (1958) 147-153.

[14] Cfr. art. cit., pp. 150-151.

[15] Cfr. SEPER, art. cit., pp. 151-153.

[16] Cfr. W. BAUER, *Griechisch-Deutsches Wörterbuch zu den Schriften des Neuen Testaments und der übrigen urchristlichen Literatur*, Berlin 1963[5], s.v. εἰ II. Su θέλω cfr. G. SCHRENK, GLNT, IV, 259-283, in particolare 263-265 per il valore di «desiderare»; sulla distinzione semantica tra θέλω e βούλομαι (nel NT prevale nettamente il primo sul secon-

ad esempio, col verbo θαυμάζω, in Mc 15,44: Pilato «si meravigliò che (Gesù) fosse già morto (ἐθαύμασεν εἰ ἤδη τέθνηκεν)»[17]. A questa soluzione si oppone risolutamente Seper, rilevando che in tal caso bisognerebbe rispettare non solo la forma ma anche il valore della costruzione, per cui, così come θαυμάζω εἰ ἤδη ἀνήφθη significherebbe «miror quod iam accensus est», Lc 12,49b andrebbe tradotto «quam contentus sum quod iam accensus est», in contrasto con il contesto che esige che il fuoco non sia ancora divampato[18].

Il valore ottativo adombrato in Lc 12,49b, una volta che non lo si intenda come interrogativa, può essere difeso con ricorso all'uso di εἰ nelle espressioni di aspettazione[19] o alle proposizioni con εἰ dopo verbi di desiderio[20].

Già il Riesenfeld, però, occupandosi del nostro versetto[21] escludeva questa spiegazione e rinviava piuttosto alle proposizioni irreali con εἰ dopo espressioni impersonali[22].

Affine è la proposta di Blass-Debrunner, che classificano l'espressione lucana tra le proposizioni ipotetiche della irrealtà[23].

Per parte nostra siamo propensi, come sopra accennato, a riconoscere a Lc 12,49b il valore di *ipotetica* della irrealtà, ma nel contempo crediamo che il nesso con θέλω implichi anche una connotazione *desiderativa*. Poiché l'ipotesi irreale riguarda il passato, l'indole desiderativa rinvierà ad un desiderio irrealizzato[24]. «I desideri 'irrealizzabili' (irrealizzati) sono

---

do) cfr. il medesimo Schrenk, *ibi*, II, 301-308. Cfr. anche P. Joüon, *Les verbes* βούλομαι *et* θέλω, *RechSR* 30 (1940) 227-238.

[17] Cfr. anche *Mart. Polycarpi* 16,1: «La folla intera si meravigliò di una sì grande differenza (θαυμάσαι... εἰ τοσαύτη τις διαφορά) tra gli infedeli e gli eletti».

[18] Cfr. Seper, art. cit., p. 148. Invero non ci risulta che ci sia una convalida lessicale per quest'uso di θέλω nel senso di «essere contento, lieto», avallato anche da Blass-Debrunner (v. qui sotto, nota 23) e da M. Zerwick, *Graecitas biblica exemplis illustratur*, Roma 1960⁴, § 404-405.

[19] Cfr. Blass-Debrunner, *Grammatica*, cit., § 375.

[20] Per il valore ottativo comandato da θέλω εἰ si pronunciano ad es. M. J. Lagrange e Th. Zahn nei loro commenti al vangelo di Luca.

[21] Cfr. H. Riesenfeld, *Zum Gebrauch von* θέλω *im Neuen Testament*, Acta Seminarii Neotestamentici Upsaliensis 1, Uppsala 1936 (su Lc 12,49: pp. 8-11).

[22] Cfr. *ibi*, p. 10, con rinvio a Mc 9,42 e 14,21 (Καλὸν ἦν αὐτῷ, εἰ οὐκ ἐγεννήθη). Lo studioso svedese, comunque, concludeva che forse il costrutto greco era stato indotto da una corrispettiva costruzione in ebraico, mostrando così di dar credito alla «pista semitica» (cfr. *ibi*, p. 11).

[23] Cfr. *Grammatica*, cit., § 360.4: «Compare (in Lc 12,49) una proposizione dipendente irreale unita a un indicativo presente sentito, quanto al senso, come irreale», e traducono: «Quanto desidererei = come sarei lieto, se fosse già acceso». Come in Riesenfeld Lc 12,49b viene accostato a Mc 14,21/Mt 26,24.

[24] Da questo punto di vista ci sembra che il legame di εἰ ἤδη ἀνήφθη meglio si configuri col nostro ἤθελον che con la connotazione di desiderio ardente ed attuale che viene comunemente attribuita a τί θέλω.

quelli cui sottostà il pensiero che 'purtroppo non è (fu) così'»; il Nuovo
Testamento esprime il desiderio irrealizzato con ὄφελον (es. 1 Cor 4,8),
mentre, se la nozione di desiderio è espressa da un verbo, si trovano indifferentemente ἐβουλόμην o «il più popolare ἤθελον con infinito»[25].

Il nesso ἤθελον εἰ, invece di ἤθελον + infinito, si spiega con il fatto
che l'indole desiderativa indotta da θέλω è rivolta ad una eventualità che
avrebbe potuto verificarsi ma non si è verificata, ovvero con il connubio
di una desiderativa con un'ipotetica della irrealtà.

In quest'ottica diviene molto più pertinente — oltreché corroborante
— il rinvio a due testimonianze regolarmente invocate negli studi su Lc
12,49b, vale a dire Sir 23,14:

> καὶ θελήσεις εἰ μὴ ἐγεννήθης
> potresti desiderare (lett.: desidererai) di non essere nato[26]

e Is 9,4 LXX:

> καὶ θελήσουσιν εἰ ἐγενήθησαν πυρίκαυστοι
> desidereranno essere diventati preda del fuoco.[27]

Seper ne ha trattato come di costrutti dell'ebraico, ma giova ricordare
che né per l'uno né per l'altro noi possiamo contare su un originale ebraico, per cui fino a prova contraria si tratta di espressioni della lingua greca.

A questo aggiungiamo che nell'*In s. Pascha* dello Pseudo Ippolito —
il più antico documento patristico contenente la recensione di Lc 12,49
con ἤθελον — si trova una citazione di Is 9,4 LXX in cui il verbo θέλω
non è al futuro ma proprio all'imperfetto, sì da darci un costrutto assolutamente identico a quello che stiamo studiando (ἤθελον εἰ ἀνήφθη):

> Ἤθελον εἰ ἐγενήθησαν πυρίκαυστοι.
> Avrebbero voluto essere stati preda del fuoco[28].

---

[25] Così Blass-Debrunner, *Grammatica*, cit., § 359. Cfr. ad es. Gal 4,20: ἤθελον δὲ
παρεῖναι πρὸς ὑμᾶς; nella letteratura cristiana cfr. *Hom. pseudocl.* I,9; in quella classica
Sofocle, *Aiax* 1400. Il nesso è molto frequente in Epitteto, come si può rilevare dall'indice dell'edizione teubneriana. Per il desiderio irrealizzato introdotto da ἐβουλόμην cfr.
Flm 13.

[26] In base a quanto qui sopra prospettato, la frase significa che (se non onori il padre
e la madre) desidererai che si fosse verificata l'eventualità (irreale) di non essere nato. W.
Bauer, *Griechisch-Deutsches Wörterbuch*, loc. cit. sopra, nota 16, fa rientrare questo nei
casi dei *verba affectus* seguiti da εἰ.

[27] Il testo masoretico non è in questo caso affiancabile ai LXX. Riesenfeld (*Zum Gebrauch*, cit., pp. 8-9) evocando questi due testimoni biblici parla di «präsumptive hypothetische Sätze», cui però non ritiene assimilabile Lc 12,49b.

[28] Ps. Ippolito, *In s. Pascha* 46 (ed. Visonà, *Pseudo Ippolito*, cit., p. 294). Ivi la nostra
traduzione («Lo hanno voluto se sono diventati preda del fuoco») intende interpretare la
lettura (e la modifica?) cristiana del *testimonium* come riferentesi all'avvenuta rovina di
Gerusalemme (cfr. anche *In s. Pascha* 31, *ibi*, p. 278).

Più aderente diviene anche l'accostamento già da altri operato con Mt 26,24/Mc 14,21:

Καλὸν ἦν αὐτῷ εἰ οὐκ ἐγεννήθη.
Sarebbe stato meglio per lui che non fosse nato.
Ἤθελον εἰ ἤδη ἀνήφθη.
Avrei voluto che fosse già stato appiccato.

In conclusione, la recensione corrente di Lc 12,49 viene così tradotta alla luce della «pista semitica»:

Sono venuto a gettare fuoco sulla terra[29]
e come vorrei che fosse già acceso!

Vi si esprime il desiderio attuale che si verifichi una cosa che non si è ancora verificata[30].
La recensione da noi studiata va invece tradotta:

Sono venuto a gettare fuoco sulla terra
e avrei voluto che fosse già stato appiccato.

Vi si esprime il desiderio irrealizzato che una eventualità si fosse verificata, ma (purtroppo) non è stato così[31].
Il cambiamento di prospettiva non è affatto irrilevante. In particolare preme qui far notare che mentre nel primo caso l'aforisma può configurarsi come un *logion* a se stante, nel secondo il discorso esige una continuazione che spieghi il perché non si è potuto verificare quanto Gesù desiderava. È dunque il momento che la nostra indagine passi a considerare il problema dell'interpretazione di Lc 12,49 e si allarghi anche al v. 50, con cui il nostro testo forma un'unità letteraria.

---

[29] I sostenitori di un antecedente semitico a Lc 12,49 affermano che πῦρ βάλλειν è appunto un semitismo, che significa non «gettare» ma «portare» (il fuoco sulla terra). L'espressione però (soprattutto il nesso βαλεῖν εἰς τὴν γῆν) è ben attestata in greco in contesti apocalittici, con l'inequivocabile significato di «gettare/scagliare». Basterà rifarsi all'Apocalisse canonica (cfr. Ap 8,5.7; 12,4.9.13; 14,16.19). Manteniamo questa accezione anche perché riconosciamo a Lc 12,49 una connotazione apocalittico-escatologica.

[30] Così Th. ZAHN, *Evangelium des Lukas*, Leipzig 1920³, p. 514: «Der ganze Satz... ist Ausdruck eines Wunsches, dass etwas geschehen sein möchte, was nicht geschehen ist». Cfr. la *Bible de Jérusalem*: «Comme je voudrais que déjà il fût allumé!».

[31] In pratica è il concetto espresso da Zahn (nota precedente) sostituendo all'idea di desiderio attuale quella di desiderio irrealizzato.
È da segnalare che nel recente commento a Luca di Schneider viene data (ma senza commento al riguardo) una traduzione di Lc 12,49 che di per sé si attiene alla recensione da noi studiata: «Ich bin gekommen, um Feuer auf die Erde zu werfen; *ich wollte nur*, es wäre schon entfacht» (G. SCHNEIDER, *Das Evangelium nach Lukas*, Gütersloh-Würzburg 1977, p. 291).

CAPITOLO TERZO

PER UN'INTERPRETAZIONE DI LC 12,49-50

Luca 12,50

Rammentiamo che stiamo sempre ragionando a livello di plausibilità e coerenza interna di Lc 12,49 letto secondo la recensione alternativa al testo corrente. Vogliamo ora mettere alla prova questa plausibilità anche a livello di significato, continuando a prescindere dal problema della lezione originaria e autentica.

Pure richiamiamo il v. 50 di Lc 12, su cui non ci siamo finora soffermati:

Βάπτισμα δὲ ἔχω βαπτισθῆναι, καὶ πῶς συνέχομαι ἕως ὅτου τελεσθῇ.

La comprensione del versetto sia patristica sia moderna vi vede in larga parte un «piccolo Getsemani» di Gesù, il quale manifesta la sua angoscia di fronte alla prospettiva del «battesimo» sulla croce. La traduzione corrispondente è questa:

C'è un battesimo che devo ricevere,
e come sono nell'angoscia fino a che non sia compiuto.[1]

Pur non dedicando all'attestazione di questo versetto nelle antiche versioni e nei Padri un analisi dettagliata come per Lc 12,49, cercheremo di dare il quadro dei dati relativi alla problematica testuale, in particolare quelli che possono avere un riflesso sulla nostra ricerca.

La Vetus Latina è accreditata di un testo base in linea con quanto qui sopra anticipato:

Baptismum autem habeo baptizari,
et quomodo turbor, quoadusque perficiatur.[2]

---

[1] Le eccezioni saranno segnalate a luogo opportuno. Una comprensione del versetto come interrogativo — analogamente a quanto visto per 12,49 — conduce (forse anche per una riserva teologica) al seguente significato: «come posso essere angustiato fino a che non sia compiuto?» (cfr. ad es. la citata Bibbia «Marietti», diretta da S. GAROFALO, III, p. 179).

[2] È la versione del codice e (Afra). Nei testimoni del testo europeo si trova per lo più «baptisma» per «baptismum» e «usque dum» per «quoadusque». Cfr. JÜLICHER, Itala, cit., p. 154. Tra i Padri troviamo anche un «quomodo angor» di AMBROGIO, Exp. ev. sec. Luc. VII,130 (CCLat 14, p. 258) e De int. Job 4,3,11 (CSEL 32/2, p. 275).

La Vulgata, invece, ha una variante che interesserà il nostro discorso:

Baptisma autem habeo baptizari
et quomodo coartor usque dum perficiatur.[3]

Più immediatamente interessante è invece una variante del codice di Beza (quomodo urguor), perché rivela possibili suggestivi agganci con la tradizione patristica. Ireneo, infatti, parlando della *apolytrosis* che gli gnostici vogliono superiore al battesimo, ci fa sapere che è ad essa che i marcosiani riferiscono la seguente parola di Gesù:

Καὶ ἄλλο βάπτισμα ἔχω βαπτισθῆναι,
καὶ πάνυ ἐπείγομαι εἰς αὐτό.[4]

È possibile vedere in «urguor» la traduzione di ἐπείγομαι («affrettarsi») come passivo di ἐπείγω («incalzare»)? Il caso deporrebbe, allora, contro la tesi sopra menzionata secondo cui il testo latino del codice di Beza è ricalcato sul greco che ha a fronte e non proviene da una recensione latina indipendente.

Utile sarebbe sapere qual era il testo greco che Rufino così traduce da Origene:

Baptismum habeo baptizari, quod vos nescitis (!).
Et quomodo urgeor, ut perficiatur?[5],

anche per sapere in che misura la lezione è debitrice del traduttore; ma negli altri tre casi in cui Origene cita Lc 12,50[6] si attiene strettamente al testo corrente qui sopra citato, che non soggiace certamente alla versione rufiniana. D'altra parte l'unica citazione che Agostino fa del nostro versetto — ed anzi del solo Lc 12,50a — suona:

Baptismum habeo baptizari quem vos nescitis[7],

sì da far pensare che quella di Rufino non è una versione peregrina[8].

---

[3] Ed. R. WEBER, cit., II, p. 1634. Così, ad es., PIETRO CRISOLOGO, *Serm.* 164,5 (CCLat 24B, p. 1012). «Coartor» appare anche in alcuni testimoni del testo europeo (*aur, c, f* [«cohartor»]), ma forse è appunto una contaminazione della Vulgata.

[4] Cfr. IRENEO, *Adv. Haer.* I,21,2 (SCh 264, p. 296). La versione latina dell'*Adversus Haereses* traduce ἐπείγομαι con lo stesso verbo («propero») con cui traduce σπεύδω, in cui subito ci imbatteremo. Cfr. B. REYNDERS, *Lexique comparé du texte grec et des versions latine arménienne et syriaque de l'«Adversus Haereses» de saint Irénée*, II, CSCO 142, Louvain 1954, p. 257.

[5] Cfr. ORIGENE, *In Iud. hom.* 7,2 (GCS 30, p. 507).

[6] Cfr. *Comm. Ioh.* VI,224 e 290 (SCh 157, pp. 300 e 350); *Exh. ad mart.* 30 (GCS 2, p. 26).

[7] Cfr. AGOSTINO, *De octo quaest. ex vet. test.* VIII (CCLat 33, p. 472).

[8] Cfr. anche EUSEBIO GALLICANO, *Hom.* LVI,3 (CCLat 101A, p. 652): «Baptismo habeo baptizari, quod vos non scitis».

A complicare ulteriormente le cose ecco una citazione di Filastrio di Brescia:

Baptisma, inquit, habeo baptizari
et quam festino si sciretis.[9]

«Festino» ci riporta all'ἐπείγομαι di Ireneo e, indirettamente, all'«urgeor/urguor» di Rufino e del codice di Beza. C'è però da segnalare una pista patristica che fa riallacciare questa idea di «affrettarsi», «essere incalzato» con lo stesso verbo συνέχομαι (sul quale torneremo qui sotto) messo in correlazione con σπεύδω/ἐπισπεύδω. È quanto appare da Cirillo Alessandrino, che cita Lc 12,49 secondo il *textus receptus* ma nel commento mostra di intendere συνέχομαι nel senso di «urgeor»: «Del resto noi diciamo che la potenza del divino annuncio è simile al carbone e al fuoco, alla cui accensione il Signore si affretta (ἐπισπεύδει). Già infatti avevano creduto in lui alcuni israeliti, primizia dei quali erano divenuti i mirabili discepoli. Il fuoco, dunque, una volta acceso doveva propagarsi a tutta la terra, portando così a termine l'intera economia. E questo insegna dicendo: 'C'è un battesimo... (qui Lc 12,50)»[10]. Il dato è reso ancora più evidente in una omelia dello Pseudo Crisostomo su Mt 26,39 («Padre, se possibile passi da me questo calice») in cui συνεχόμενος — espressamente ricavato da Lc 12,50 — per due volte fa coppia con σπεύδων ad indicare la sollecitudine con cui Cristo va verso la morte in contrapposizione alla «ritrosia» manifestata nel Getsemani[11].

A proposito ancora della testimonianza di Ireneo, c'è un altro elemento da mettere in evidenza, vale a dire la lezione ἄλλο βάπτισμα, che trova un esatto corrispondente nella tradizione africana, che legge: «Habeo *aliud* baptisma baptizari»[12]. Abbiamo dunque probabilmente qui un

---

[9] Cfr. Filastrio, *Div. her.* LXXXII,4 (CCLat 9, p. 252).

[10] Cirillo Alessandrino, *Comm. in Luc.* 12,49 (PG 72,753D-756A).

[11] Cfr. Pseudo Crisostomo, *Hom. in Matth.* 26,39 (PG 61,751). La citazione di Lc 12,50b ha invero una forma curiosa (καὶ πῶς συνέχομαι ἕως οὗ πίω αὐτό; cfr. Gv 18,11) che rinvia ad una ancor più estemporanea citazione di Epifanio in cui ricompare il verbo σπεύδω: cfr. Epifanio di Salamina, *Pan. haer.* 69,60,4 (GCS 37, pp. 208-209): Ποτήριον ἔχω πιεῖν, καὶ τί σπεύδω ἕως οὗ πίω αὐτό; καὶ βάπτισμα ἔχω βαπτισθῆναι, καὶ τί θέλω εἰ ἤδη ἐβαπτίσθην;. La prima parte di questo testo può vantare nei vangeli solo alcuni richiami ma nessun riscontro diretto. Su Epifanio v. qui sotto la nota 13.

[12] Due volte in Ps. Cipriano, *De rebapt.* 14 (CSEL 3/3, pp. 86 e 87): «Habeo autem aliud baptisma baptizari»; Cipriano, *Ep.* 73,22 (CSEL 3/2, p. 796): «Dominus dicebat habere se aliud baptisma baptizari»; Tertulliano, *De pud.* 22,10 (CCLat 2, p. 1329): «Habeo enim, inquit et aliud baptisma». Cfr. anche Gregorio di Elvira, *Tract.* 6,52 (CCLat 69, p. 53): «Habeo aliud baptisma baptizari»; Ilario, *Comm. ps. CXVIII gimel* 5 (CSEL 22, p. 380); Girolamo, *In Math.* I (CCLat 77, p. 19) e nella traduzione di Origene, *In Is. hom.* 5,2 (GCS 33, p. 265): «Ego aliud baptisma habeo baptizari»). Le attestazioni di Cipriano e Pseudo Cipriano non sono registrate nell'apparato patristico di *The Gospel*, p. 295.

vestigio del Testo occidentale, con un possibile interessante aggancio con Taziano[13] (impregiudicata restando la direzione dei rapporti interni tra questi testimoni). Come infatti abbiamo già avuto modo di ricordare, la ricostruzione del Diatessaron attribuisce a Taziano questa recensione di Lc 12,50a: «Habeo *iterum* baptizari baptismo»[14], con la precisazione che «iterum» la distingue dalle altre antiche versioni siriache[15]. La base del confronto è, però, molto esigua, e questo conferma per Lc 12,50 la reticenza della tradizione siriaca già vista per il v. 49, e che anzi è in questo caso ancor più rigorosa: solo un paio di citazioni in Efrem, e limitate a 50a[16]. Per Lc 12,50b possiamo soltanto segnalare che la Peshitta ha, in corrispondenza del πῶς greco, l'avverbio «molto», attestato anche dal Diatessaron arabo[17], persiano[18] e — fatto più singolare — da quello veneto[19].

A livello generale si deve osservare che l'interpretazione patristica del v. 50 non è mai data in correlazione a quella del v. 49[20]. I Padri, cioè, trattano Lc 12,50 come *logion* isolato.

---

[13] Molto più labile appare, invece, un collegamento con Marcione, del quale Epifanio ci dice che faceva riferimento a Lc 12,50 per sostenere che Cristo aveva propugnato non uno ma più battesimi (cfr. EPIFANIO, *Pan. haer.* 42,3,6-10, GCS 31, pp. 98-99). Nel contesto il vescovo di Salamina cita espressamente il nostro versetto, ma in una recensione che ricalca il v. 49: Βάπτισμα ἔχω βαπτισθῆναι, καὶ τί θέλω εἰ ἤδη τετέλεκα αὐτό; (*ibi*, 42,3,10, *ibi*, p. 99). Considerata anche l'altra attestazione di Lc 12,50 qui sopra riportata (nota 11) si può concludere che le «citazioni» di Epifanio sono in realtà personali adattamenti che servono ad illuminare la sua lettura del passo lucano (contro la tesi marcionita sopra esposta?), ma non hanno utilità alcuna per la storia della trasmissione testuale.

[14] È la ricostruzione del «vangelo di Efrem» in LELOIR, *L'Évangile d'Éphrem*, cit., p. 85, che è poi quella attribuita anche al Diatessaron (cfr. MOLITOR, *Tatians Diatessaron*, cit., p. 26).

[15] Cfr. MOLITOR, loc. cit. alla nota precedente.

[16] Cfr. qui sopra, nota 14. Nel commento al Diatessaron, ma solo nella versione armena, c'è una citazione del v. 50a secondo il testo corrente: «Il y a pour moi un baptême dont je dois être baptisé» (vers. L. LELOIR, SCh 121, p. 344). Cfr. anche *Hymn. epiph.* 8,7 (non registrato da *The Gospel* I, p. 295): «Due parole ha detto il Signore nostro; — esse sono concordemente unite in sintonia. — Egli disse cioè: 'Fuoco son venuto a lasciare' — e: 'Devo essere battezzato in un battesimo'» (sulla versione di E. BECK, CSCO 187, p. 158; quanto alla lezione «lasciare» [*d-esboq* invece di *d-ermê*] è probabilmente un adattamento di Efrem: Beck rinvia a *Hymn. de fide* 73,18-19 [CSCO 155, pp. 193-194] in cui si parla di Cristo come raggio che quando scompare lascia dietro sé il calore [dello Spirito]). Nel contesto Efrem gioca sul binomio fuoco-acqua: Cristo col fuoco (dello Spirito) allontana il fuoco del male e con l'acqua (del battesimo) vince l'acqua della divisione.

[17] Cfr. ed. CIASCA, cit., p. 48.

[18] Cfr. ed. MESSINA, cit., p. 85.

[19] Cfr. StT 81, cit., p. 95: «Io ho a baptezarme d'uno baptesimo e molto me par (?!) enfina ke io lo complesca». La strana lezione «me par» cela probabilmente un errore di lettura. La variante «molto» è attestata anche dal Luca etiopico del cod. Oxon. Bodl. 41.

[20] Efrem citato qui sopra è forse l'unica eccezione. Lo dimostra già il fatto che le attestazioni del v. 50 sono di gran lunga più scarse di quelle del v. 49 (nella patristica greca

La critica recente

Non abbiamo certo compulsato i circa 200 commentari su Luca usciti dal secolo scorso ad oggi, che del resto per buona parte non sono né originali né critici[21], ed abbiamo avuto piuttosto come guida i più recenti studi sulla nostra pericope (salvo omissioni), cioè, in ordine cronologico, quelli di P. Wolf[22], di E. Arens[23] e di C.-P. März[24]. In particolare il primo ed il terzo sono rappresentativi di due distinte piste interpretative, utili ad illuminare anche la nostra indagine.

I dati su cui la critica moderna sostanzialmente concorda sono (a) che i vv. 49-50 costituiscono in Luca un'unità letteraria a se stante[25], (b) che almeno il v. 49 appartiene al livello pre-lucano[26] e (c) che esso vi aveva una connotazione eminentemente escatologica.

---

non arrivano alla decina). A fronte delle 14 citazioni di Lc 12,49, Girolamo ha una sola citazione di 50a; analogamente Agostino (16 volte 12,49a; 1 volta 12,50a). Il massimo di correlazione che è dato trovare è quella sopra vista per la *Pistis Sophia* (che è poi un testimone del tutto particolare), mentre nei commentari sistematici su Luca si trattano di continuo i due versetti perché così si trovano nel vangelo, ma mai come una sentenza unitaria (cfr. ad es. AMBROGIO, *Exp. ev. sec. Luc.* VII,130 ss., CCLat 14, pp. 258 ss.).

[21] Per una bibliografia degli studi lucani, cfr. H. SCHÜRMANN, *Il vangelo di Luca. Parte prima (1,1-9,50)*, CTNT, Brescia 1983 (sulla seconda edizione tedesca, Freiburg i.Br. 1982), pp. 22-58; una selezione dei moderni commentari alle pp. 30-32 e 56-57. Cfr. anche J. A. FITZMYER, *The Gospel according to Luke I-IX*, AnchBi, New York 1981, pp. 3-34 («The Current State of Lucan Studies») e 271-283 («Selected Bibliography»); tutta la sezione 3-283 è su questioni introduttive, accompagnate da bibliografie specifiche.

[22] Cfr. P. WOLF, *Liegt in den Logien von der 'Todestaufe' (Mk 10,38f., Lk 12,49f.) eine Spur des Todesverständnisses Jesu vor?*, Freiburg i. Br. 1973 (d'ora in poi: *Logien*). È il lavoro meno accessibile, trattandosi di una dissertazione discussa presso la Theologische Fakultät der Albert-Ludwig-Universität. Su Lc 12,49-50 cfr. soprattutto le pp. 105-263.

[23] Cfr. E. ARENS, *The HΛΘON-Sayings in the Synoptic Tradition. A Historico-Critical Investigation*, OBO 10, Freiburg i. Schw.-Göttingen 1976 (d'ora in poi: *Sayings*). Su Lc 12,49-50: pp. 63-90.

[24] Cfr. C.-P. MÄRZ, «*Feuer auf die Erde*», cit. (d'ora in poi: *Feuer*). Studio nitidamente impostato e condotto.

[25] Cfr. per tutti M.-J. LAGRANGE, *Évangile selon saint Luc*, EB, Paris 1948[7], pp. 371-372: «(Lc 12,49-50) n'est point une transition ni une introduction, mais un logion distinct». Vi è invece divergenza su come i due versetti si raccordano col contesto: Polag, ad esempio, ritiene che essi, con i vv. 51-53, siano un'appendice redazionale di Q alla sezione che inizia con Lc 12,22 (cfr. A. POLAG, *Der Umfang der Logienquelle*, Münster 1966, pp. 21-22), mentre per März il v. 49 si ricollega al v. 46 (parusia e giudizio) per introdurre la sezione che segue (fino al v. 59) sulla tensione del presente nell'attesa della parusia (cfr. *Feuer*, pp. 492-493).

[26] Non manca chi ritiene di origine redazionale entrambi i versetti. In pratica il v. 49 sarebbe una costruzione di Luca ricavata dal v. 51 (Q). La tesi, già di A. LOISY (*L'Évangile selon Luc*, Paris 1924, pp. 355-356), è difesa da S. SCHULZ, *Q. Die Spruchquelle der Evangelien*, Zürich 1972, p. 258 e da G. SELLIN, *Komposition, Quellen und Tradition des lukanische Reiseberichtes (Lk IX,51-XIX,28)*, NT 20 (1978), 125 (100-135), ma è isolata e, a nostro avviso, indifendibile, perché presuppone tra l'altro che Matteo abbia utilizzato Lc 12,49 (v. sotto, nota 34).

Quanto all'origine di 49-50, tutta la gamma di ipotesi è stata via via esplorata e difesa[27]. Una prima divaricazione sostanziale è tra chi sostiene l'antecedenza di entrambi i versetti rispetto alla redazione lucana[28] e chi invece ritiene che il solo v. 49 risalga ad una fonte precedente e che il v. 50 sia redazionale[29].

Nel primo caso, poi, si deve decidere se 49-50 costituivano già in origine una unità (Doppellogion)[30] o se si tratta di due *logia* distinti associati in un secondo tempo (e ancora — all'interno di questa ipotesi — se l'associazione si situi a livello di redazione lucana o sia avvenuta precedentemente)[31].

Nel secondo caso — in base al quale il v. 50 viene ad essere una esplicitazione o chiarificazione o correzione del v. 49 — si tratta invece di stabilire se tale operazione ugualmente risalga a Luca[32] o gli sia precedente[33].

---

[27] Cfr. sintesi e bibliografia in MÄRZ, *Feuer*, 480-483.

[28] Così, ad esempio, J. JEREMIAS, *Die Sprache des Lukasevangeliums. Redaktion und Tradition im Nicht-Markusstoff des dritten Evangeliums*, Göttingen 1980, p. 223. Da questo presupposto muove l'ipotesi interpretativa di Wolf (v. sotto).

[29] Nel senso che il v. 50 presupporrebbe il v. 49, di cui sarebbe uno sviluppo. Cfr. ad es. R. BULTMANN, *Die Geschichte der synoptischen Tradition*, Göttingen 1967[7], p. 166. In questa prospettiva si muove März (v. sotto).

[30] Cfr. ad es. J. JEREMIAS, *Die Gleichnisse Jesu*, Göttingen 1970[8], pp. 163-164 e WOLF, *Logien*, pp. 112-145. Wolf parte da un'analisi del lessico di Lc 12,50 per contestarne il presunto timbro lucano (pp. 112-116) e concludere che il versetto non è dovuto a Luca, anche perché in tal caso svolgerebbe una funzione di raccordo tra il v. 49 e i vv. 51-53 (pp. 116-117); Wolf poi aderisce alla tesi secondo cui la fonte di Luca è stata Q (pp. 124-125), ma poi la supera cercando di dimostrare che Q ha attinto a sua volta ad una tradizione aramaica in cui i due versetti erano già uniti (pp. 126-141): la via prescelta è quella dell'analisi linguistica dei due versetti; Wolf valorizza i dati raccolti a favore di un retroterra linguistico semitico per il v. 49 (τί per *mâ*, εἰ per *lû* ecc.: v. sopra) e tenta la medesima operazione per il v. 50 (ma gli elementi non sono conclusivi). La sua interpretazione si diparte, dunque, sulla base della convinzione di avere in Lc 12,49-50 un *logion* unitario con tutti i segni di un'origine gesuana. Anche S. LÉGASSE, *Approche de l'épisode préévangelique des fils de Zébédée*, NTS 20 (1974) 164-166 ritiene Lc 12,49-50 un *logion* pre-lucano e giunge a ricostruire quella che sarebbe stata la forma originaria del v. 50: ἦλθον βάπτισμα βαπτισθῆναι, καὶ τί θέλω εἰ ἤδη τελεσθῇ (corretto in ἐτελέσθη da Vögtle: v. sotto, nota 40). Il risultato è curiosamente simile al testo citato da Epifanio di Salamina (v. sopra, nota 13).

[31] Secondo A. von HARNACK, «*Ich bin gekommen*». *Die ausdrücklichen Selbstzeugnisse Jesu über den Zweck seiner Sendung und seines Kommens*, ZTK 22 (1912) 11, i due *logia* preesistevano, separatamente, a Luca, che li ha uniti per associazione di idee (fuoco-battesimo); invece per J. ERNST, *Das Evangelium nach Lukas*, Regensburg 1977, p. 413, l'associazione delle due sentenze sarebbe avvenuta a livello della fonte Q.

[32] Secondo März, solo il v. 49 risale a Q, dove era assieme ai vv. 51-53; è Luca che ha ricavato il v. 50 da Mc 10,38 (βάπτισμα... βαπτισθῆναι) strutturandolo in base al v. 49. Quanto a quest'ultimo, non si tratterebbe di un *logion* isolato raccolto da Q, bensì di un prodotto della redazione finale di Q, ricavato dal v. 51 come introduzione alla sequenza di detti dei vv. 51-53. 54-56. (57.) 58-59 e come aggancio tematico a Lc 3,16Q (battesimo di

In entrambi i casi, infine, c'è il problema di precisare il tipo di fonte da cui è stato tratto 49(-50), se sia cioè Q[34] o la tradizione peculiare (Sondergut) di Luca[35].

Un dato comune alla maggioranza della critica e che merita di essere sottolineato è la grande arcaicità che viene riconosciuta alle due sentenze, fino a ritenere altamente probabile che esse trasmettano degli *ipsissima verba Christi*[36]. Nel caso del v. 49 ciò è legato o al modello aramaico che si attribuisce al *logion*, o all'oscurità stessa (di lingua e di senso) della sen-

---

fuoco) (cfr. MÄRZ, *Feuer*, pp. 480-487, 499-501). März ritiene dunque che non si possa vedere nei nostri versetti un *ipsissimum verbum* di Gesù: il v. 49 va interpretato alla luce della teologia di Q, mentre il v. 50 (e tutto il Doppellogion nella sua strutturazione attuale) va interpretato come un correttivo in linea con la più tipica teologia di Luca (v. sotto).

[33] Cfr. bibliografia in MÄRZ, *Feuer*, p. 481, nota 7 e ARENS, *Sayings*, p. 68, nota 19. La posizione di quest'ultimo è poco ferma: sostiene che Lc 12,49-50 ha tutta l'aria («has the distinctive air») di essere composto di due *logia* precedentemente indipendenti messi assieme per affinità di contenuto (*ibi*, p. 64), per poi dire che il v. 50 «most probably» è dovuto al redattore finale (pp. 64-65); lo interpreta quindi come un'aggiunta che vuol essere una chiave interpretativa del v. 49, dovuta al redattore lucano «or, more probably, pre Lk» (p. 77) e conclude assegnando l'orientamento interpretativo alla redazione di Luca (p. 90).

[34] Cfr. qui sopra Wolf e März. Bibliografia in März, *Feuer*, pp. 480-481, nota 6 e 485, nota 25. In base agli argomenti addotti ci sembra che l'assegnazione del v. 49 a Q si imponga: Lc 12,51-53 hanno un parallelo in Mt 10,34-36; ora, Mt 10,34 (ἦλθον βαλεῖν εἰρήνην ἐπὶ τὴν γῆν) differisce da Lc 12,51 (che ha παραγενόμην δοῦναι invece di ἦλθον βαλεῖν) ma è strettamente aderente a Lc 12,49! Per non andare incontro alle gravi difficoltà sollevate dall'ipotesi di un passaggio diretto tra Matteo e Luca (cfr. WOLF, *Logien*, pp. 124-125 e MÄRZ, *Feuer*, pp. 484-485) converrà riconoscere che Lc 12,49 e 51-53 erano in Q e che Matteo ha tralasciato il primo membro mentre Luca ha modificato il secondo. Quanto alla collocazione del v. 49 in Q, si veda MÄRZ, *Feuer*, pp. 485-487, che così conclude: «Wir wollen somit festhalten, daß V. 49 in Q nicht nur wie bereits aufgewiesen mit 12,51-53 Q zusammenstand, sondern auch in den größeren Rahmen einer mit 12,35 beginnenden und sich wohl bis 14,25 erstreckenden eschatologisch geprägten Redeeinheit gehört hat».

[35] Ad una tradizione propria di Luca pensano, tra gli altri, J. SCHMID, *Das Evangelium nach Lukas*, Regensburg 1955[3], p. 225; K. H. RENGSTORF, *Das Evangelium nach Lukas*, Göttingen 1959[8], p. 163; B. W. GRUNDMANN, *Das Evangelium nach Lukas*, Berlin 1971[6], p. 269 (due *logia* distinti). Cfr. ora J. A. FITZMYER, *The Gospel according to Luke X-XXIV*, AnchBi, New York 1985, p. 994 (su Lc 12,49-53 pp. 993-998): ci è però difficile comprendere come si possa attribuire il v. 49 a L («the Lucan private source») e i vv. 51 e 53 a Q in forza del parallelismo con Mt 10,34-36 (*ibidem*): v. sopra, nota 34. Quanto al v. 50, secondo Fitzmyer «could be considered as derived from "L", but it has been so heavily modified by Luke that it borders on Lucan composition» (*ibidem*).

[36] Così li considera, ad esempio, A. FEUILLET, *La coupe et le baptême de la passion (Mc 10,35-40)*, RB 74 (1967) 368. W. G. KÜMMEL, *Die Teologie des Neuen Testaments nach seinen Hauptzeugen Jesus-Paulus-Johannes*, Göttingen 1969, p. 78 ritiene che i vv. 49 e 50 siano due detti distinti e che appartengano al più antico strato della tradizione su Cristo. Per l'autenticità del *logion* sono anche H. Schürmann, K. H. Schelkle, R. Schnackenburg, A. Vögtle, M.-J. Lagrange, W. Grundmann, T. W. Manson (dettagli e bibliografia in WOLF, *Logien*, pp. 153-156).

tenza, che diversamente la tradizione non avrebbe conservato, o ad interpretazioni che esigono un contesto direttamente connesso con la vicenda storica di Gesù[37]. Nel caso, invece, del v. 50 la presunta autenticità è legata all'idea di angoscia che viene connessa col verbo συνέχομαι e che si ritiene difficilmente attribuibile alla comunità primitiva[38].

Quanto all'interpretazione, è chiaro che essa dipende largamente dalle soluzioni critiche adottate circa la formazione e la tradizione di Lc 12,49-50. In subordine essa dipende dal significato che si attribuisce alla nozione chiave, cioè πῦρ, il «fuoco» che Gesù è venuto a portare sulla terra[39].

---

[37] C'è anche la pista che considera Lc 12,49 nel quadro più generale dei detti che cominciano con «Sono venuto» (ἦλθον-logia): in base alle conclusioni generali dello studio di Arens (cfr. *Sayings*, pp. 344-349), tutti i *logia* di questo tipo hanno avuto «separate existence» prima di venire inseriti nel loro attuale contesto (nessuno, quindi, è redazionale); la formula che li caratterizza è di origine palestinese e Lc 12,49, in particolare, risale al Gesù storico (cfr. soprattutto p. 344). Anche H. Schürmann, J. Schneider e W. Grundmann fanno risalire questo tipo di sentenze all'autocoscienza di Gesù, mentre R. Bultmann ed E. Käsemann ritengono che esse non risalgano al Gesù storico ma ad una successiva rilettura della sua vicenda. Maggiori dettagli e bibliografia in Wolf, *Logien*, pp. 146-149.

[38] La paura di fronte alla morte sarebbe in contrasto con la primitiva immagine di Cristo: così Kümmel, *Die Theologie*, cit., p. 78; O. Kuss, *Zur Frage der vorpaulinischen Todestaufe*, MThZ 4 (1953), 14, nota 92 (1-17) e inoltre Feuillet, Grundmann, Manson, R. Otto, J. Blinzler. Secondo alcuni studiosi (tra cui Jeremias e Kümmel) in Lc 12,50 abbiamo un'autentica predizione della passione e non un *vaticinium ex eventu*, come attesta l'assenza di riferimenti concreti al tipo di sofferenze che attendono il Cristo: il Sitz im Leben ne sarebbe la situazione di crescente opposizione che Gesù va incontrando; così anche Fitzmyer, *The Gospel... X-XXIV*, cit., p. 994 («it is difficult to deny that this is a real prediction by Jesus»).

[39] Come detto in apertura, l'interpretazione patristica di Lc 12,49 non costituisce oggetto del presente studio, per cui vi abbiamo fatto riferimento solo in tanto in quanto poteva interessare la tradizione del testo. Valgano dunque qui alcuni brevi ragguagli. L'intera gamma delle interpretazioni patristiche è praticamente già presente in Origene e da lui chiaramente dipende la tradizione posteriore (anche in Occidente, attraverso Girolamo e Ambrogio). Queste le principali linee interpretative: a) Lc 12,49 indica il fuoco del giudizio (cfr. Origene, *In Luc. hom.* 26,1 e, ad es., Basilio[?], *De bapt.* I,2); l'interpretazione escatologica non è mai ovviamente ricondotta alla prospettiva del Gesù storico ma è depotenziata di ogni tensione per il presente: il riferimento primario è all'azione purificatrice del fuoco, che consuma il peccato; b) affine è l'interpretazione che allude al fuoco che saggia le nostre opere, con rinvio a 1 Cor 3,13 («L'opera di ciascuno sarà ben visibile: la farà conoscere quel giorno che si manifesterà con il fuoco, e il fuoco proverà la qualità dell'opera di ciascuno»): così Origene, *In Ez. hom.* 1,3; Ambrogio, *Exp. ev. sec. Luc.* VII,132; c) in una prospettiva affine troviamo spesso Lc 12,49 abbinato a Deut 4,24, dove Dio è definito «fuoco che consuma»: cfr. Clemente Alessandrino, *Ecl. proph.* 25,6; Origene, *In Lev. hom.* 5,3; Girolamo, *Ep.* XVIIIA,6; d) il collegamento privilegiato è però con l'invio dello Spirito Santo, attraverso anche il concreto richiamo fornito dalle «lingue di fuoco» della Pentecoste (cfr. Origene, *Hom. I in ps.* 38,7; Ps. Agostino, *Serm.* 182,4); viene così riassorbita la punta escatologica nell'immagine dello Spirito che purifica e brucia i peccati (Girolamo, *In die dom. Paschae*); e) molto frequente anche il collegamento di Lc 12,49 con

Da quanto qui sopra delineato è nondimeno evidente che per la quasi totalità della critica bisogna riconoscere almeno due livelli di significato: quello di 49(-50) nella fonte originaria (Q, fonte propria di Luca, fonte aramaica) e quello della redazione lucana, o attraverso il v. 50 o in forza della utilizzazione e collocazione del nostro *logion*. A questo bisogna aggiungere, per chi crede che siamo in presenza di un *ipsissimum verbum*, la spiegazione del significato che la sentenza poteva avere nella coscienza del Gesù storico[40].

Il senso originario di Lc 12,49 è per lo più ricondotto ad un contesto escatologico, ed il «fuoco» è inteso come il fuoco del giudizio[41].

Quanto alla ricezione di Luca, le posizioni sono più diversificate: secondo alcuni anche nel contesto lucano la sentenza mantiene la sua connotazione escatologica, che viene da Luca stesso modificata[42]; secondo altri, invece, l'evangelista allude al fuoco delle divisioni e delle discordie (cfr. vv. 51-53), in un orizzonte, quindi, intramondano, tra la croce e la fi-

---

il cuore che si sentono «ardere in petto» i discepoli di Emmaus all'udire le parole di Cristo (Lc 24,32): cfr. ORIGENE, *In Ios. hom.* 15,3; CIRILLO ALESSANDRINO, *Comm. in Luc.* 12,49; AMBROGIO, *Exp. ev. sec. Luc.* VII,132; GIROLAMO, *Comm. in ps.* 20,12; *Ep.* 52,3; MASSIMO DI TORINO, *Serm.* 4,1.

[40] In questa prospettiva, sulla scia di Wolf ma con attenzione critica, cfr. A. VÖGTLE, *Todesankündigungen und Todesverständnis Jesu*, in *Der Tod Jesu. Deutungen im Neuen Testament*, hrsg. von K. Kertelge, QD 74, Freiburg-Basel-Wien 1976, pp. 51-113 (su Lc 12,49-50 in particolare pp. 80-88).

[41] La pista privilegiata è quella che si riallaccia al significato del «fuoco» nell'Antico Testamento e nel giudaismo (e, attraverso questi, nel Nuovo Testamento). Ampia bibliografia su questa e le altre posizioni qui di seguito riassunte in WOLF, *Logien*, pp. 157-165; ARENS, *Sayings*, p. 78, note 62 e 63; MÄRZ, *Feuer*, pp. 488-489. Nello stesso senso si schierano i tre studiosi (v. sotto). Cfr. März: «Der spruch präsentiert sich somit als Selbstaussage Jesu, in der er seine Sendung grundsätzlich auf das Gericht ausgerichtet und sich selbst in dessen drängender Erwartung sieht» (p. 489).

[42] Cfr. Wolf e März qui sotto. Secondo Arens, il v. 50 (che si riferisce alla passione) vuole dare una chiave interpretativa del v. 49, con cui contrasta (49: desiderio; 50: necessità); il «fuoco» dunque ha una connotazione positiva — Gesù lo desidera — e segue la passione; può dunque essere riferito o all'invio dello Spirito o al giudizio escatologico: Arens propende per la seconda ipotesi (cfr. *Sayings*, pp. 77-80). Secondo il Conzelmann, invece, il «fuoco» di Lc 12,49 si riferisce proprio alla conflagrazione cosmica (Weltbrand) e va letto in contrapposizione al v. 50: la fine non è ancora qui, per questo interviene il battesimo di morte (cfr. H. CONZELMANN, *Die Mitte der Zeit. Studien zur Theologie des Lukas*, Tübingen 1960³, p. 100; analogamente E. GRÄSSER, *Das Problem der Parusieverzögerung in den synoptischen Evangelien und in der Apostelgeschichte*, BZNW 22, Berlin 1960², p. 190). Contro cfr. G. KLEIN, *Die Prüfung der Zeit (Lk 12,54-56)*, ZTK 61 (1964) 373-390, secondo il quale il tipo di raccordo tra 49 e 50 e la connessione del «gettare il fuoco» con la «venuta» di Gesù rendono difficile pensare che l'evento del v. 49 si collochi in una prospettiva futura, in particolare apocalittica; la prospettiva è invece dettata dal «da ora» del v. 52, che si riallaccia al «compimento» della morte di Cristo (v. 50), e rientra nella tipica teologia lucana: la pericope 49-53 andrebbe cioè intesa come un sommario storico-salvifico che configura il presente come il tempo della Chiesa oppressa in diretto raccordo con la passione di Gesù (pp. 375-377).

ne, com'è tipico di Luca[43]; secondo altri ancora, infine, Lc 12,49 adombra l'invio dello Spirito Santo e, concretamente, rinvia al «fuoco» sceso sugli apostoli nella Pentecoste (cfr. At 2,3-4)[44].

Ma seguiamo più in dettaglio le tesi, rappresentative di distinte linee interpretative a livello letterario e tradizionale, di Wolf e März[45].

Per Wolf Luca ha recepito il *logion* dei vv. 49-50 in chiave escatologica, ma ne ha rafforzato il senso storico-salvifico inserendolo nel suo schema (viaggio di Gesù verso Gerusalemme e la passione); Lc 12,49 tratta dell'accensione del fuoco del giudizio in conseguenza della venuta di Gesù, mentre Lc 12,50 tratta della morte di Gesù[46]. Nella ricerca del senso del v. 50 Wolf privilegia il rapporto col battesimo annunciato da Giovanni, in cui l'evento escatologico è connesso con un «battesimo di fuoco» (cfr. Lc 3,16)[47]. Wolf rifiuta un'interpretazione metaforica nella prospettiva del «battesimo di morte» (Todestaufe) secondo la linea di Rom 6,3 ss.; rifiuta pure l'interpretazione che legge il collegamento con il battesimo di Giovanni nella prospettiva del Servo sofferente[48] e ritiene piuttosto che tale collegamento vada mantenuto attorno all'idea di giudizio e non a quella di morte; nel battesimo di Giovanni il giudizio futuro «viene tipologicamente messo in relazione con un atto battesimale nel senso tecnico

---

[43] Così, tra gli altri, A. Loisy, M.-J. Lagrange, E. Klostermann, T. W. Manson.

[44] Così W. Grundmann, M.-É. Boismard, E. E. Ellis. Si tratta, secondo questi autori, di una lettura lucana, perché non potendo conoscere qual era il contesto originario del *logion* risulta impossibile anche sapere quale significato vi aveva il «fuoco». Cfr. anche J.-D. KAESTLI, *L'eschatologie dans l'oeuvre de Luc. Ses caractéristiques et sa place dans le développement du Christianisme primitif*, Genève 1969, pp. 19-21; Kaestli si appoggia al Klein (v. qui sopra) e afferma che se probabilmente il *logion* originario si riferiva al giudizio escatologico, «le contexte lucanien recommande plutôt une interprétation spiritualiste du logion» (p. 20) in linea con la prospettiva non escatologica di Luca, il quale dunque, quanto a lui, ha di mira o le divisioni tra gli uomini e il clima di lotta in cui vive la Chiesa o («également vraisemblable») l'invio dello Spirito nella Pentecoste (pp. 20-21). All'interpretazione in rapporto allo Spirito è orientato il contributo — debole dal punto di vista critico — di G. GRAYSTONE, «*I have come to cast fire upon the earth ...*», *Scrip* 4 (1949-1951) 135-141.

[45] Il tentativo di Bultmann di interpretare Lc 12,49-50 alla luce del mito della redenzione gnostica (cfr. *Die Geschichte*, cit., pp. 150-151: il «battesimo» sarebbe la «Geistesweihe» che l'Inviato consegue al momento della risalita ai cieli; il «fuoco» sarebbe il giudizio sul mondo) non ha avuto accoglienza alcuna.

[46] Cfr. in sintesi WOLF, *Logien*, pp. 166-167.

[47] Il legame tra Lc 12,50 e il battesimo di Giovanni è comunemente evocato negli studi esegetici (cfr. anche März, qui sotto). La posizione di Wolf è resa più pregnante dal fatto che egli considera originario anche Lc 12,50, in cui c'è l'idea di βάπτισμα, che viene così ad associarsi non secondariamente a πῦρ, come in Lc 3,16.

[48] È la linea di O. Cullmann, ripresa da A. FEUILLET, *La coupe et le baptême de la passion (Mc 10,35-40)*, RB 74 (1967) 356-391 (per noi in particolare 368 e 380-381): poiché nel battesimo Gesù ha assunto il ruolo del Servo solidale con i peccatori, per lui «essere battezzato» corrisponde a morire di una morte espiatrice, in linea con Is 53.

del termine»[49]: se questo battesimo fa parte del giudizio (Gerichtstaufe), indicare la morte di Gesù come battesimo significa indicarla come evento del giudizio (Gerichtsgeschehen): il contesto primario di questo battesimo — Wolf lo ribadisce — non è l'idea di morte ma quella di giudizio[50]. Ma perché e in che senso Gesù annuncia la sua morte come giudizio di Dio (Gerichtstod)? Wolf rifiuta le concezioni che fanno della morte di Gesù il passaggio obbligato in ordine alla venuta del Regno e al giudizio escatologico, come pure l'idea di una morte espiatrice (Sühnetod), e ne individua piuttosto il Sitz im Leben nella concreta situazione storica del rifiuto della sua persona e del suo annuncio: la morte di Gesù è di fatto (si veda la sua angoscia) un atto del giudizio divino che egli con il suo annuncio è venuto a suscitare. In sintesi: sullo sfondo del battesimo di giudizio annunciato da Giovanni, Gesù dice che è venuto per portare il giudizio di Dio sugli impenitenti (v. 49); egli però sarà il solo su cui questo giudizio (cioè questo battesimo) sarà attuato, col subire una morte violenta (v. 50)[51].

Di tutt'altro tenore — e più lineare — l'interpretazione offerta da März[52], che parte dal presupposto che Luca abbia creato un *Doppellogion* prendendo da Q un detto escatologico sul giudizio e correggendone il senso attraverso un annuncio della passione (v. 50). Anche März vede un legame peculiare di Lc 12,49 col battesimo di fuoco (immagine del giudizio) annunciato in Lc 3,16[53]. Quest'ultimo versetto fa parte dell'inizio di Q, cui conferisce tenore escatologico; in 12,49 si identifica dunque in Gesù colui che deve battezzare nel fuoco e si introduce il tema della tensione del presente verso l'evento escatologico (oggetto dei vv. 51-59). Ora, l'intento di Luca sarebbe di modificare, tramite il v. 50, la nozione di battesimo di fuoco (e con essa il carattere dell'attesa del giudizio) dando maggior peso anche teologico al tempo che precede la parusia. In primo piano viene posta la via della croce come via di Gesù (e quindi della Chiesa). Luca respinge una comprensione di Gesù come colui che giudica nel fuoco (Feuerrichter) e rinvia piuttosto i discepoli alla via della croce, indebolisce la prospettiva dell'attesa imminente e accentua i temi delle sof-

---

[49] WOLF, *Logien*, p. 220. Qui Wolf va contro G. DELLING, ΒΑΠΤΙΣΜΑ ΒΑΠΤΙΣΘΗΝΑΙ, *NT* 2 (1957) 92-115, che vuole dimostrare che non si tratta di una terminologia usata in senso tecnico cristiano. Del rapporto di Lc 12,50 col battesimo di Giovanni Delling tratta alle pp. 108-109.

[50] Cfr. più ampiamente WOLF, *Logien*, pp. 217-225.

[51] Sulla morte di Gesù come giudizio imperniano la loro interpretazione di Lc 12,49 anche DELLING, ΒΑΠΤΙΣΜΑ, cit., in particolare pp. 108-109 e H. PATSCH, *Abendmahl und historischer Jesus*, Stuttgart 1972, pp. 205-211.

[52] Cfr. MÄRZ, *Feuer*, pp. 502-507.

[53] Cfr. *ibi*, p. 490. Una correlazione si può stabilire anche tra ἔρχεται (Lc 3,16) ed ἦλθον (Lc 12,49).

ferenze, persecuzioni, tentazioni del tempo che precede la fine. Il tema della parusia non è annullato ma modificato secondo l'ottica storico-salvifica tipicamente lucana.

Una nuova prospettiva

Non è nostra intenzione tentare di ricostruire «literarkritisch» e «traditionskritisch» la vicenda così complessa di un testo che tuttora fa discutere. Più semplicemente vogliamo prendere in considerazione, alla luce degli apporti fin qui evocati, quali possano essere su queste problematiche i riflessi della diversa recensione di Lc 12,49 che la tradizione patristica consistentemente attesta e che recita:

> Sono venuto a gettare fuoco sulla terra
> e avrei voluto che già fosse stato appiccato.

Come sopra accennato, così strutturato il versetto esige più che mai una continuazione e quindi porta verso una comprensione unitaria dei vv. 49-50. Ciò comporta una serie di problemi[54], ma giustamente März annota che il punto critico di ogni interpretazione che legge i vv. 49-50 come un *logion* unitario è il concreto raccordo (sachliche Zuordnung) tra due sentenze che riguardano eventi su piani distinti senza espressa correlazione[55]. Questo — aggiungiamo noi — avviene perché comunemente si leggono i due versetti in chiave di stretto parallelismo[56], condizionati in questo dalla struttura formale dei versetti stessi, che si aprono entrambi con il termine chiave (πῦρ - βάπτισμα), hanno nei primi due emistichi la stessa costruzione (πῦρ ἦλθον βαλεῖν - βάπτισμα ἔχω βαπτισθῆναι) e, nei secondi due, due proposizioni esclamative in prima persona (τί θέλω - πῶς συνέχομαι)[57]. Il parallelismo viene esteso anche alla tipolo-

---

[54] Dal punto di vista letterario il problema è soprattutto di come conciliare lessico e struttura del v. 49, che tutti riconoscono non lucani, con il tenore lucano di 50b (cfr. in März, *Feuer*, pp. 482-484 le controdeduzioni a Wolf), per il quale ci si appunta su συνέχομαι (9 delle 12 attestazioni del Nuovo Testamento sono in Luca e Atti; 1 caso in Mt, nessuno in Mc), su ἕως ὅτου (cfr. Lc 13,8; 22,16; 1 caso in Mt, nessuno in Mc) e su τελεῖν (cfr. Lc 2,39; 18,31; 22,37; At 13,29; in 18,31 e 22,37 il riferimento è alla passione); poiché Lc 12,50a sarebbe stato improntato a Mc 10,38, per März si può ritenere come lucano tutto il versetto (cfr. *Feuer*, p. 482). Secondo noi la presenza in Mc 10,38 del nesso βάπτισμα βαπτισθῆναι dimostra soltanto che non si tratta di un conio di Luca. Quanto al lessico, va tenuta presente la possibilità che sia frutto di un ritocco di Luca (e non di una sua creazione), così come si è accertato che ha fatto in 12,51 rispetto alla fonte Q (παραγενόμην δοῦναι per ἦλθον βαλεῖν).

[55] Cfr. *Feuer*, p. 481, nota 8.

[56] Cfr. ad es. Jeremias, *Die Gleichnisse*, cit., p. 164, e, ora, Fitzmyer, *The Gospel... X-XXIV*, cit., pp. 994-995: «fuoco» e «battesimo» vi sono interpretati come figure parallele che illustrano il ministero di Gesù.

[57] Cfr. Wolf, *Logien*, pp. 139-141 («Parallelismus membrorum»); nella prospettiva di

gia dei due *logia*, che presentano ognuno una realtà di fatto, «esterna» a Gesù (vv. 49a e 50a) seguita da una reazione o stato d'animo personale di Cristo[58].

Riconsideriamo l'intero passo nella versione della *Bible de Jérusalem*, cui si attiene l'edizione italiana con il testo ufficiale della Conferenza Episcopale Italiana e che traduce visivamente il conclamato parallelismo:

> Sono venuto a portare il fuoco sulla terra,
>   e come vorrei che fosse già acceso!
> C'è un battesimo che devo ricevere,
>   e come sono angosciato finché non sia compiuto!

Viene da chiedersi: che senso ha?

In primo luogo — secondo il rilievo di März — che senso ha la giustapposizione di due affermazioni così diverse tra loro e senza apparente connessione? Se, poi, questa connessione la si vuole stabilire attorno all'idea di giudizio (Wolf, Delling) — per cui il «battesimo»/morte di Cristo sarebbe un atto del giudizio («fuoco») che è venuto a portare sulla terra — bisogna rispondere alla seguente obiezione[59]: come conciliare questa interpretazione, che fa di Gesù *oggetto* di un giudizio che egli subisce, con il ruolo *attivo* che egli rivendica e che il v. 49 gli conferisce?

In secondo luogo, che senso ha, nella oggettività delle tematiche escatologiche in cui il nostro *logion* è inserito (vuoi da Luca vuoi dalla sua fonte), la «reazione emozionale» di Gesù, e in particolare la manifestazione di una sua «angoscia»?

Affrontiamo la prima questione alla luce proprio della recensione di Lc 12,49 da noi esaminata, che ha la non trascurabile conseguenza di far venire meno il parallelismo dei due versetti. Da una parte, infatti, l'assenza di τί (θέλω) annulla il *pendant* con πῶς (συνέχομαι); dall'altra, facendo del v. 49 una proposizione che esprime un desiderio irrealizzato nel passato, come si esige un prolungamento nel versetto seguente, così si evoca anche tutta la forza avversativa di quel δὲ del v. 50 che gli studiosi hanno sottovalutato come un comune δὲ lucano di transizione[60]: «Avrei voluto ..., ma ...».

Wolf il parallelismo del Doppellogion originario era ancora più rigoroso perché il πῶς greco (v. 50) renderebbe lo stesso *mâ* aramaico che si cela dietro il τί del v. 49. Légasse, abbiamo visto (v. sopra, nota 30), ritiene che la stessa forma greca originaria del v. 50 fosse strettamente aderente a quella del v. 49. Sul parallelismo insiste anche DELLING, ΒΑΠ-ΤΙΣΜΑ, cit., pp. 103-104.

[58] Cfr. ad es. ARENS, *Sayings*, p. 75.

[59] Cfr. VÖGTLE, *Todesankündigungen*, cit., p. 83.

[60] Di per sé non è strettamente necessario l'intervento della nuova recensione testuale per attribuire una funzione avversativa del v. 50 rispetto al v. 49, ma il Conzelmann è rimasto pressoché isolato nel difendere questa posizione (cfr. *Die Mitte*, cit., p. 100). Ne condividiamo anche l'opposizione ad ogni interpretazione «spiritualizzante» del «fuoco» di

I due versetti non avrebbero più, in tal modo, una struttura parallela sia tra loro sia tra le loro componenti (A-B/A-B), ma un'unica struttura «a due spioventi», separati dal δὲ avversativo. Con questo sarebbe risolto, crediamo, il problema della «Zuordnung» del v. 50 rispetto al v. 49 e il periodo acquisirebbe una struttura più equilibrata in rapporto anche al senso.

Dal punto di vista dei contenuti, la conseguenza più rilevante è che in tal modo la morte di Cristo («battesimo») non è più collocata nello stesso ordine di eventi del giudizio («fuoco») — per cui la morte stessa è interpretata come un atto del giudizio — ma assume in rapporto ad esso quella funzione mediatrice e catalizzatrice che affiora anche in molti degli studi da noi citati[61].

Così stando le cose, ci troveremmo ancora in un'ottica in linea con la strategia lucana. In questo può essere illuminante l'accostamento di Lc 12,49-50 con Lc 17,24-25[62]: «Perché come il lampo, guizzando, brilla da un capo all'altro del cielo, così sarà il Figlio dell'uomo nel suo giorno. Ma prima[63] è necessario che egli soffra molto e venga ripudiato da questa generazione». Il v. 25 è un'aggiunta di Luca, come risulta da Mt 24,26[64], per cui non è senza fondamento che März conclude che «alla luce di Lc 17,25 stimiamo anche Lc 12,50 come un correttivo lucano dell'attesa del giudizio espressa dal v. 49»[65].

È questa una prima possibile conclusione anche per il nostro itinerario. Non essendo questo spostamento di orizzonte dalla parusia alla croce iscrivibile nella prospettiva di Q, si dovrebbe in tal caso concludere anche che forma e senso dell'attuale doppia sentenza dipendono da Luca, senza che possiamo più sapere qual era la situazione originaria della sua fonte. Si tratta, infatti, di una conclusione che lascia in sospeso il discorso del

---

Lc 12,49 e la sua comprensione in riferimento alla conflagrazione escatologica («Weltbrand»). Per contro cfr. da ultimo FITZMYER, *The Gospel... X-XXIV*, cit., p. 994: «The second comment (v. 50) is parallel to this (v. 49), *pace* H. Conzelmann, not in contrast to the first».

    [61] A prescindere, cioè, dall'interpretazione del «fuoco» del v. 49, si vede nel v. 50 un annuncio della morte di Cristo come condizione preliminare per l'invio di quel fuoco (così, ad es. M.-É. BOISMARD in P. BENOIT et M.-É. BOISMARD, *Synopse des quatre évangiles en français*, II. *Commentaire*, Paris 1980³, p. 285, che parla di «condizione necessaria» e si chiede se il v. 49 non alluda allora all'invio dello Spirito Santo). Lo stesso Wolf parla della morte di Gesù come del presupposto per il «gettare il fuoco» (cfr. *Logien*, p. 111).

    [62] Cfr. MÄRZ, *Feuer*, pp. 503-504. L'autore rinvia anche a Lc 9,51-56, in cui un «giudizio di fuoco» invocato da Giacomo e Giovanni sui Samaritani (v. 54: «Signore, vuoi che diciamo che scenda un fuoco dal cielo e li consumi?») è respinto da Gesù.

    [63] Πρῶτον δὲ: cfr. 12,50: βάπτισμα δὲ.

    [64] «Come la folgore viene da oriente e brilla fino ad occidente, così sarà la venuta del Figlio dell'uomo».

    [65] *Feuer*, p. 504. *Ibi*, nota 105 si riconosce pertanto il valore avversativo di δὲ.

fuoco che Gesù era venuto ad accendere sulla terra[66], spostando il baricentro del discorso sul destino personale di Gesù e di lì sul suo personale stato d'animo.

Prima, quindi, di sancire una siffatta conclusione vogliamo affrontare la seconda incongruenza (ai nostri occhi) sopra segnalata, rappresentata appunto dalla deviazione di un discorso imperniato sulle realtà escatologiche — e sulla croce in ordine a quelle — verso il sentimento di «angoscia» di Gesù. Intendiamo, in altre parole, mettere in discussione l'interpretazione comunemente data al verbo συνέχομαι.

Il significato primo di συνέχω è quello di «tenere assieme», «tenere unito»[67], da cui passa a quello di «serrare», «rinchiudere»[68] e di qui al senso traslato di «costringere», «opprimere», sia in senso materiale che psicologico. Quest'ultima accezione — per lo più al passivo — vuole il dativo di causa («essere oppresso da» > «essere in preda a»), come conferma lo stesso Luca con ripetute attestazioni[69], per effetto delle quali si è riversato anche su 12,50 il valore di «essere oppresso, angustiato», usato in senso assoluto[70]. Ma, come rileva Köster, «l'uso passivo di συνέχω con significato traslato, senza indicazione della causa, è assolutamente singolare e non si spiega facilmente»[71].

Per questa via Wolf attacca la stessa origine lucana dell'impiego del verbo in 12,50[72], cioè uno dei caposaldi per l'attribuzione a Luca del ver-

---

[66] Anche März rileva che Lc 12,49 si presenta come un *logion* isolato ma non è comprensibile come *logion* isolato; per questo egli lo intende come introduzione redazionale di Q alla serie di sentenze a carattere escatologico contenute nei vv. 51-59 (cfr. *Feuer*, p. 500).

[67] Questo significato è comune in Filone Alessandrino, molto raro nei LXX ed assente nel NT. Rinviamo alle rassegne di Köster e Spicq qui sotto citate.

[68] Per Luca cfr. le profezie su Gerusalemme: Lc 8,45 (οἱ ὄχλοι συνέχουσίν σε) e 19,43.

[69] Cfr. Lc 4,38: la suocera di Pietro è συνεχομένη πυρετῷ μεγάλῳ; Lc 8,37: i Geraseni φόβῳ μεγάλῳ συνείχοντο; analogamente cfr. At 28,8. Wolf sottolinea come nei 4 casi in cui il verbo è certamente redazionale è usato con il dativo di causa (cfr. *Logien*, p. 113).

[70] Cfr. per tutti C. SPICQ, *Notes de lexicographie néotestamentaire*, II, Fribourg (Suisse) 1978, p. 861, che assimila il nostro caso a Lc 8,37 (v. nota precedente) e parla di «Christ oppressé, étreint» (ma negli appoggi esterni che fornisce — *Test. Abrah.* A 16 e papiri — c'è sempre il dativo: συνεχόμενος δειλίᾳ, πενίᾳ, ἀπορίᾳ ecc.). März sostiene che il dativo di causa non è espresso per via del parallelismo col v. 49, e che comunque esso è implicitamente racchiuso in βάπτισμα (cfr. *Feuer*, pp. 483-484). Anche per Bultmann Lc 12,50b si riferisce alla «paura dell'Inviato... che si sente come un estraneo in questo mondo» (*Die Geschichte*, cit., p. 166). Ricordiamo che per autori come Otto, Kümmel, Manson, Feuillet, Grundmann l'angoscia di Gesù è un indizio per riconoscere dietro Lc 12,50 un *ipsissimum verbum*.

[71] H. KÖSTER, συνέχω, *GLNT* XIII, 232 (213-236; su Lc 12,50: 232-235).

[72] Cfr. *Logien*, pp. 114-115. Vi si dice che l'uso assoluto appare una eccezione così vistosa non solo per Luca ma per tutto l'uso ellenistico, che è da chiedersi se il verbo non nasca da una traduzione (e infatti Wolf proporrà poi di farlo risalire all'ebraico *ṣârar*:

setto[73], mentre Köster non mette in questione la paternità lucana ma conclude piuttosto che «la comune traduzione ... con *come ho paura* o *come sono tormentato* è difficilmente giustificabile»[74]. Come si vede c'è spazio, e inesplorato, per mettere in questione la traduzione di Lc 12,50 con «essere oppresso, angosciato»[75].

La nostra tesi è che il συνέχομαι di Lc 12,50 debba essere inteso secondo uno dei significati che comunemente ha nel suo impiego assoluto, cioè quello di «essere trattenuto», semplice passivo di συνέχειν = «serrare», «trattenere»[76].

Gli appoggi in tal senso, addotti ma non «visti» dagli stessi autori citati, vengono sia dall'ambito profano, sia dai LXX, sia, al limite, dallo stesso Luca.

---

pp. 135-136): la tesi è interessata. Anche Jeremias ritiene, in base all'uso assoluto, che συνέχομαι in 12,50 non sia di origine lucana (cfr. *Die Sprache*, cit., p. 223).

[73] Come detto, Luca ha 9 dei 10 casi in cui συνέχω ricorre nei sinottici.

[74] Art. cit., 233. Per parte sua egli afferma che in Lc 12,50 l'uso assoluto in quanto tale va considerato un influsso dell'uso linguistico dei LXX, mentre il significato va ricavato dal contesto: poggiando sul parallelismo (!) dei vv. 49 e 50 ritiene preferibile intenderlo in senso positivo (com'è per θέλω), come espressione di un «ardente desiderio», e traduce pertanto πῶς συνέχομαι con «come ne sono interamente dominato» (cfr. 2 Cor 5,14 e Fil 1,23; si può forse addurre anche un appoggio lucano con At 18,5, in cui si dice che Paolo «era tutto preso dalla predicazione» [συνείχετο τῷ λόγῳ]): «Il logion, allora, nell'intenzione di Luca esprime l'orientamento del cammino di Gesù verso la morte come martirio» (*ibi*, 233-235). Fitzmyer (*The Gospel ... X-XXIV*, cit., p. 997) dà ragione a Köster quanto a intendere il verbo non in riferimento alla paura della morte, ma preferisce tradurre: «How hard *pressed* I am» («or, less likely, 'how great is my distress'»). Questa traduzione mantiene la connotazione di uno stato di «oppressione», ma si apre anche a quell'idea di «essere pressato, incalzato» che abbiamo riscontrato nella tradizione patristica e che trova concreta traduzione nelle attestazioni latine con «urgeor».

[75] In altre parole, questa traduzione è data per scontata pur non essendo sorretta e giustificata dall'uso di συνέχω, mentre chi accoglie l'obiezione lessicale lo fa per mettere in questione la paternità lucana ma non la traduzione (Wolf, Jeremias).

[76] Cfr. Strabone 13,4,14: συνέχειν τὸ πνεῦμα = «trattenere il respiro», ma anche lo stesso Luca, quando definisce i soldati che tengono prigioniero Gesù οἱ συνέχοντες αὐτόν. Questo valore si deve riconoscere, secondo noi, anche all'espressione con cui in At 7,57 si dice che i giudei alle parole di Stefano «si turavano gli orecchi» (συνέσχον τὰ ὦτα αὐτῶν).

L'equivoco di fondo sta nel considerare eccezionale ed inusitato l'uso assoluto di συνέχομαι in Lc 12,50, che eccezionale ed inusitato è solo nell'accezione di «essere oppresso, angustiato». Ma chi dice che è questo il valore che ha nel passo lucano? Una delle versioni latine del nostro verbo in Lc 12,50 è «coartor» (v. sopra), che può benissimo essere inteso nel senso di «essere costretto, chiuso, impedito» («coarto»: «stringo», «costringo», «comprimo»), com'è probabilmente il caso del Diatessaron toscano che traduce: «E come sono io costretto infin a tanto che si compia?» (StT 81, cit., p. 286). Va segnalato, inoltre, che nella sua breve nota Bruston intende il nostro verbo nel senso di «je suis tenu» o «retenu» e traduce Lc 12,50b: «Et comment sui-je retenu jusqu'à ce que ce soit achevé?» (cfr. *Une parole*, cit., p. 71). Poiché però la frase è intesa come interrogativa, Gesù viene a dire che niente lo può trattenere fino a che non abbia compiuto la sua missione. È da notare, infi-

In campo profano sono soprattutto i papiri che attestano l'uso di συνέχομαι nel senso di «essere trattenuto»[77]: «Sono trattenuto qui» (συνέχομαι δ'ἐνταῦθα) (P.S.I. 552,28); «Nostro fratello è stato trattenuto in città per affari» (P. Tebt. 754,2). In quest'ambito è usato per indicare il sequestro giudiziario (con la formula συνέχεται) e assume il significato di essere trattenuto in stato di detenzione (ad es. fino al pagamento dei debiti)[78]: il papiro Tebt. 703,220-222 dà istruzione che coloro che cadono prigionieri «devono essere trattenuti» fino al loro invio ad Alessandria[79]. È in quest'ambito lessicale che rientra anche Lc 22,63, qui sopra citato in nota: qui Gesù è συνεχόμενος nel senso di «trattenuto» prigioniero.

Anche la pista dei LXX[80], su cui Köster non si impegna — parlando di 'septuagintismo' in Lc 12,50 solo quanto all'uso assoluto e non quanto a significato — fornisce elementi utili nella nostra direzione. È vero che con συνέχω/συνέχομαι i LXX traducono ben 16 diversi termini ebraici[81], ma tra questi vi sono quelli del verbo ʿṣr nel senso di «trattenere» (συνεχόμενος traduce ʿāṣûr, «trattenuto»), ad esempio quando si dice che il cielo «si trattiene»/«è trattenuto» sicché non piove più (Deut 11,17; 1 Re 8,35; 2 Cron 6,26; 7,13), o che l'epidemia «si trattiene» (2 Sam 24,21.25), o che, alla fine del diluvio, «le cateratte del cielo furono chiuse e *fu trattenuta* la pioggia dal cielo» (Gen 8,2).

In base alla nostra ipotesi Lc 12,50 verrebbe a dire che Gesù *è trattenuto, impedito* dal portare a termine la sua missione di gettare fuoco sulla terra fino a che non sia prima compiuto il battesimo di morte che egli deve ricevere[82].

---

ne, che il verbo ebraico *šârar*, che Wolf propone come modello di συνέχομαι in Lc 12,50, ha tra i suoi significati anche quello di «legare», per cui permetterebbe nel nostro caso il senso di «sono legato».

[77] Cfr. KÖSTER, συνέχω, cit., 214-217; SPICQ, *Notes*, cit., pp. 861-862.

[78] Per quest'uso nell'Antico Testamento cfr. 1 Mac 13,15: «Gionata tuo fratello lo tratteniamo a causa del denaro che doveva all'erario del re».

[79] Cit. in KÖSTER, art. cit., 214.

[80] Cfr. *ibi*, 220-226.

[81] Questa polivalenza semantica di συνέχω è confermata dallo stesso Luca (com'è apparso anche da queste brevi note), al quale vengono attribuite ben 7 accezioni diverse per i 9 casi in cui usa il verbo (cfr. ad es. A. SCHMOLLER, *Handkonkordanz zum Griechischen Neuen Testament*, Stuttgart 1973¹⁵, p. 472). Il dato deve indurre a cautela, ma intanto contrasta con la scontatezza con cui è stata accolta la traduzione «sono angosciato».

[82] Come corollario a questa ipotesi va presa in considerazione la minore sintonia che συνέχομαι così inteso palesa con il πῶς esclamativo. Una possibilità alternativa è di considerarlo un avverbio indefinito (πως; lat.: «quodammodo»). Questa ulteriore ipotesi è da una parte agevolata dal fatto che nella nostra recensione la particella è ormai sganciata da una correlazione con τί che ne ha reso praticamente obbligata la comprensione come esclamativa o interrogativa, ma dall'altra è ostacolata dall'*usus* neotestamentario, dato che πως indefinito vi è impiegato solo dopo εἰ o dopo μή (cfr. BLASS-DEBRUNNER, *Grammatica*, cit., § 375, nota 3). In base ad essa, comunque, καί πως συνέχομαι significherebbe «sono in un certo qual modo trattenuto».

Nel suo complesso Lc 12,49-50 avrebbe questo significato: Gesù è venuto ad annunciare il giudizio escatologico, il battesimo di fuoco annunciato da Giovanni (49a) e quanto a lui avrebbe desiderato che fosse già divampato (49b) *ma* deve prima essere lui stesso «battezzato» nella sua morte (50a) e fino ad allora non può portare a compimento la sua missione di giudice e «battezzatore» escatologico (50b)[83].

Se, in base alla variante ἤθελον, abbiamo sopra meglio fondato il rapporto tra il v. 49 e il v. 50, conferendo al v. 50 tenore avversativo e, quindi, al battesimo/morte di Cristo un ruolo di mediazione in rapporto all'evento escatologico, con la nuova interpretazione di συνέχομαι pensiamo di aver conferito al *logion* maggiore «oggettività», eliminando quella che in un contesto di sentenze a carattere escatologico sembrava un'anomalia, cioè il personale sentimento di angoscia di Gesù riguardo al destino che lo attende.

Così inteso, il doppio *logion* può nel suo complesso essere pre-lucano, perché primaria rimane la prospettiva escatologica. La morte di Cristo non vi appare più come l'orizzonte che subentra a sostituire quello della parusia, né più coincide con il giudizio stesso, ma risulta essere il diaframma che si frappone tra la venuta di Cristo ed il compimento della sua missione di giudice escatologico[84].

Partiti con l'intenzione di elucidare la plausibilità e la coerenza interna di una nuova recensione testuale di Lc 12,49, siamo da essa stati condotti ad allargare il nostro discorso anche alla concatenazione con Lc 12,50. Con la proposta di una diversa lettura di questo versetto abbiamo più nettamente abbandonato quell'ambito della «plausibilità interna» della nostra variante da noi costantemente invocato, approdando ad una nuova ipotesi interpretativa dell'unità Lc 12,49-50. Dobbiamo a questo punto inevitabilmente ritornare sulla situazione testuale da cui siamo partiti e sollevare la questione dell'autenticità.

---

[83] Al limite questa ricostruzione si rispecchia nella versione latina del Diatessaron arabo da noi citata nel c. I: «Ignem veni mittere in terram, et *vellem* ut iam accensus esset. Baptismo *autem* habeo baptizari, et *multum coarctor* usquedum perficiatur» (ed. CIASCA, cit., p. 48).
Crediamo che questa struttura sia comunque applicabile anche alla recensione corrente (modificandone la comune comprensione, improntata ad un rigido parallelismo), con il correttivo di sostituire l'idea di rimpianto a fronte di un desiderio irrealizzato con quella di un desiderio attuale, esclusivo ed ardente di Gesù.

[84] Nondimeno è probabile che nella comprensione lucana il *logion* del v. 49 fosse inteso in senso metaforico, in riferimento o all'invio dello Spirito o alle divisioni suscitate da Gesù o a tutt'e due: così (sulla scia del citato G. Klein) anche KAESTLI, *L'eschatologie*, cit., pp. 20-21, il quale rileva che ben difficilmente al tempo della redazione lucana si poteva pensare alla missione di Gesù come all'accensione del fuoco escatologico, anche perché l'evento del v. 49 è messo in stretta successione con la passione (v. 50).

CAPITOLO QUARTO

UNA LEZIONE AUTENTICA?

Il solo porre la questione può sembrare pretenzioso in un caso come il nostro in cui, è bene ricordarlo, abbiamo una attestazione patristica *contro tutta la tradizione manoscritta greca.*

Lo sembrerà, tuttavia, meno se pensiamo che uno dei biblisti che maggiormente si è occupato delle citazioni patristiche, M.-É. Boismard[1], ha concluso per l'esistenza di «una duplice tradizione testuale: quella dei Padri e quella dei manoscritti, e quest'ultima non sempre è la migliore»[2]. Questa fiducia in una 'tradizione dei Padri' è mantenuta anche quando «essi non sono sostenuti da alcun manoscritto greco oggi conosciuto»[3].

La posizione del Boismard non va certo oggi per la maggiore, ma nel dibattito che adombra ha creato spazi sufficienti per sollevare anche il caso di cui ci siamo occupati.

Citazioni patristiche e critica testuale

Il dibattito sul valore delle citazioni patristiche in ordine alla costituzione del testo critico del Nuovo Testamento si è mantenuto vivo ed attuale a partire dal secondo dopoguerra per opera soprattutto dei biblisti e coinvolgendo in prima persona alcuni dei maggiori studiosi della tradizione testuale del NT. Questo interesse, infatti, si accompagna ad alcuni grandiosi progetti che hanno aperto una nuova era — dopo quella gloriosa dei Tischendorf, dei von Soden, dei Westcott-Hort, dei Gregory — nell'opera di accertamento del *testo* e in quella, non meno decisiva, di approntamento di un reale *apparato critico* per il NT. Il segno distintivo di

---

[1] A partire dal 1948 con l'articolo *A propos de Jean V,39. Essai de critique textuelle,* RB 55 (1948) 5-34.

[2] M.-É. BOISMARD, *Critique textuelle et citations patristiques,* RB 57 (1950) 388.

[3] M.-É. BOISMARD, *Le papyrus Bodmer II,* RB 64 (1957) 393. In questa convinzione lo studioso domenicano è confermato dall'esame dell'allora appena pubblicato P[66] di Giovanni (sec. II-III), dal quale ricava una lista (pp. 391-393) di 49 lezioni appoggiate dalle antiche versioni e dai Padri ma ignorate dai manoscritti greci. L'idea sostenuta dal Boismard nei suoi vari studi è che la lezione più probabilmente autentica è quella che spiega le altre e meglio soddisfa i criteri interni, «anche quando, di fatto, non fosse appoggiata che da un piccolo numero di testimoni o la si dovesse congetturare al di là di ogni attestazione» (*A propos de Jean V,39,* cit., p. 33).

questa nuova era è l'uso della tecnologia informatica, che amplia enormemente le possibilità di mettere a frutto la sistematica esplorazione delle fonti (pensiamo all'opera di inventariazione dei manoscritti greci attuata dall'*Institut für neutestamentliche Textforschung* di Münster sotto la direzione di K. Aland) e i progressi critici via via ottenuti.

Per il versante latino questo lavoro si va concretizzando nelle preziose edizioni del *Vetus Latina Institut* di Beuron, fondato nel 1945 da B. Fischer[4].

Sull'apparato critico si appuntano invece gli sforzi dell'*International Greek New Testament Project* (IGNTP), suddiviso nei comitati americano e britannico, che ha visto gli albori nel 1948 e che ha prodotto i due volumi del monumentale *The Gospel According to St. Luke* usciti nel 1984 e nel 1987 e utilizzati anche per la nostra ricerca[5]. Secondo gli scopi del progetto non si tratta di una edizione critica: il testo di riferimento è il *textus receptus*, mentre l'apparato si avvale di una esplorazione a tappeto della patristica greca e latina fino al 500 d.C. e di Afraate, Efrem e *Liber Graduum* per la letteratura siriaca.

Direttamente al testo punta invece il progetto di una *Editio maior critica* del Nuovo Testamento, messo in cantiere da J. Duplacy, K. Aland e B. Fischer nel 1968 con l'intento di coordinare i vari progetti[6].

Questo sforzo massiccio sul testo del NT muove su tre direttrici: i manoscritti greci, le antiche versioni, le citazioni patristiche. Di qui la mano tesa dei biblisti verso i patrologi e le loro istituzioni[7], accompagnata da alcuni *desiderata*, che nascono anche da un deludente bilancio di

---

[4] Cfr. per noi H.J. FREDE, *Bibelzitate bei Kirchenväter. Beobachtungen bei der Herausgabe der «Vetus Latina»*, in: *La Bible et les Pères*. Colloque de Strasbourg (1er-3 octobre 1969), Paris 1971, pp. 79-96, ove si illustrano criteri e metodi. Gli istituti di Münster e di Beuron aggiornano con annuali *Berichte* sul lavoro svolto.

[5] Per i principi dell'IGNTP in rapporto alle citazioni patristiche cfr. l'esposizione di J. Suggs (uno dei responsabili dell'American committee) in J. DUPLACY - J. SUGGS, *Les citations grecques et la critique du texte du Nouveau Testament: Le passé, le présent et l'avenir*, in: *La Bible et les Pères*, cit., pp. 197-207 (187-213); per quanto concerne la pubblicazione dell'apparato lucano cfr. J.K. ELLIOTT, *The International Project to establish a Critical Apparatus to Luke's Gospel*, NTS 29 (1983) 531-538.

[6] Cfr. la carta d'intenti di J. Duplacy in DUPLACY-SUGGS, *Les citations grecques*, cit., pp. 208-213; per l'aggiornamento sul progetto e sugli studi cfr. J. DUPLACY-C.M. MARTINI, *Bulletin de critique textuelle du Nouveau Testament*, Bib 1968, 1970, 1971, 1972, 1973 e 1977.

[7] Il polo patristico di questa intrapresa è rappresentato in primo luogo dal *Centre d'analyse et de documentation patristiques* di Strasburgo che in collaborazione col *Centre de Calcul CNRS* ha portato avanti un progetto di catalogazione delle citazioni patristiche il cui referente non era però il testo del NT (tra l'altro la registrazione riguarda tutta la Bibbia) ma la letteratura patristica. Varato nel 1966 (cfr. A. BENOIT-P. PRIGENT, *Les citations de l'Écriture chez les Pères*, RHPhR 2 [1966] 161-168), ha finora prodotto quattro volumi: cfr. *Biblia Patristica. Index des citations et allusions bibliques dans la littérature patristique*, I. *Des origines à Clement d'Alexandrie et Tertullien*, Paris 1975; II. *Le troisième*

quanto fino ad allora prodotto[8]. Tra questi *desiderata* ci sembra che anche il nostro studio proponga come assolutamente prioritario quello di adeguate edizioni critiche degli scritti patristici, perché qualsivoglia raccolta, catalogazione e disamina di attestazioni non criticamente accertate non ha nessun valore o, peggio, è fuorviante: abbiamo visto come l'esame in dettaglio delle singole situazioni abbia prodotto numerosi correttivi ad un apparato pur aggiornato al massimo livello possibile come quello di *The Gospel*, sì che la situazione reale — ma neppure definitiva — è diversa da quella immediatamente evidenziata dall'apparato medesimo. Come ancora la nostra ricerca ha confermato, sono troppi (e non solo in età patristica) i fattori che spingono verso ritocchi, manipolazioni e, soprattutto, omogeneizzazioni a tradizioni locali (quelle di chi trascrive) o al *textus receptus*. Questo però si può tradurre in uno scetticismo totale verso le citazioni patristiche (che garanzia ho, fatto ogni lavoro critico, di avere veramente il testo biblico di un dato Padre, una data epoca, un dato ambiente?) e ci conduce al nocciolo del problema, cioè al valore da dare alle citazioni che i Padri fanno del NT.

Se, infatti, il progresso della critica testuale neotestamentaria ha comportato una parallela rivalutazione della citazione patristica, riscattandola da un ruolo puramente accessorio a quello della tradizione manoscritta diretta[9], d'altra parte impostazioni come quella del Boismard e

---

siècle (Origène excepté), Paris 1977; III. *Origène*, Paris 1980; IV. *Eusèbe de Césarée, Cyrille de Jérusalem, Épiphane de Salamine*, Paris 1987.

Il Colloquio di Strasburgo del 1969 (i cui Atti abbiamo più volte citato), ospitato dal *Centre d'analyse* e con la partecipazione di responsabili della *Editio maior* e dell'IGNTP ha voluto proporsi come primo passo concreto per associare i patrologi in uno sforzo comune con i biblisti.

[8] Cfr. ad es. Duplacy in DUPLACY-SUGGS, *Les citations grecques*, cit., pp. 195-197; G. D. FEE, *The Text of John in Origen and Cyril of Alexandria: A Contribution to Methodology in the Recovery and Analysis of Patristic Citations*, Bib 52 (1971) 357-394. Vi si richiama la necessità di superare la frammentarietà delle ricerche specialistiche (dedicate per lo più alle varianti) per vagliare criticamente tutte le citazioni di un determinato Padre e dare in esteso e di continuo il testo così ricostruito, come appunto Fee si tenta di fare per il testo giovanneo di Origene e Cirillo. Tra gli studi che hanno tentato un approccio per via patristica al testo del NT si segnala quello di R. KIEFFER, *Au delà des recensions? L'évolution de la tradition textuelle dans Jean VI,52-71*, Lund 1968, in cui si esamina lo stato testuale del passo giovanneo alla luce combinata della tradizione diretta, delle versioni e di ben 694 citazioni in 93 autori di età patristica, in modo da ottenere una visione prospettica della tradizione del testo, con la collocazione nello spazio e nel tempo delle diverse varianti; numerose indicazioni vanno nel senso di una valorizzazione delle citazioni patristiche, in ordine soprattutto alla ricostruzione del Testo occidentale. Negli anni più recenti si sono moltiplicate e perfezionate le indagini sul testo neotestamentario dei vari Padri: si veda l'*Elenchus Bibliographicus Biblicus*, che da qualche anno contempla una rubrica «Citationes apud Patres — the Patristic Bible».

[9] Per una rassegna storica del ricorso alle citazioni patristiche per la restituzione del testo del NT (il *terminus a quo* si può fissare nell'edizione di Erasmo del 1516) cfr. R.

il diretto riflesso sui progetti di edizione del NT[10] hanno sollecitato una più approfondita ricerca metodologica che ha per lo più ridimensionato le aperture dello studioso domenicano dell'*École Biblique* di Gerusalemme.

Il Boismard ha avuto in questo secolo predecessori anche illustri, come Fr. Blass, F. C. Conybeare e Kirsopp Lake. Il primo ha edito i vangeli di Matteo e di Giovanni dando peso rilevante alle versioni e ai Padri in ordine alle scelte testuali[11]: il vangelo di Giovanni, in particolare, si caratterizza per un testo breve, largamente fondato sulle versioni latina e siriaca e sulle citazioni di Giovanni Crisostomo e Nonno di Panopoli; il secondo ha proposto come originali alcune lezioni matteane ricavate da testimonianze patristiche contro tutta la tradizione manoscritta[12]; il terzo ha appoggiato le tesi di Conybeare[13].

A Blass il Boismard — i cui lavori sono tutti sul vangelo di Giovanni — si riallaccia direttamente con l'intento di applicarne più rigorosamente il metodo e sfruttare gli ulteriori apporti documentari (soprattutto le versioni del Diatessaron), manifestando così una chiara preferenza per le recensioni brevi, fondate sulle versioni siriache e latine, su Taziano e su Crisostomo[14]. Per dare un'idea dell'incidenza di una simile operazione basterà l'esempio di Gv 1,12-13, che nel testo corrente suona:

> A quanti però l'hanno accolto ha dato potere di diventare figli di Dio: a quanti credono nel suo nome, i quali non da sangue, né da volere di carne, né da volere di uomo, ma da Dio sono nati,

mentre nel testo «ricostruito» dal Boismard recita:

> A quanti però hanno creduto in lui ha dato potere di essere chiamati figli di Dio; lui che non da sangue, né da carne, ma da Dio fu generato.

KIEFFER, *Au-delà des recensions?*, cit., pp. 7-36; Duplacy in DUPLACY-SUGGS, *Les citations grecques*, cit., pp. 188-197; B. M. METZGER, *Patristic Evidence and the Textual Criticism of the New Testament*, NTS 18 (1971-72) 379-400, ristampato in ID., *New Testament Studies. Philological, Versional and Patristic*, NTTS 10, Leiden 1980, pp. 167-188, cui ci riferiremo.

[10] I due fattori si sommano nel caso delle moderne versioni del NT influenzate direttamente o indirettamente dal Boismard: v. qui sotto.

[11] Cfr. Fr. BLASS, *Evangelium secundum Matthaeum cum variae lectionis delectu*, Leipzig 1901; *Evangelium secundum Iohannem cum variae lectionis delectu*, Leipzig 1902.

[12] Cfr. F. C. CONYBEARE, *Three Early Doctrinal Modifications in the Text of the Gospels*, HibJ 1 (1902-1903) 96-113. I passi in questione sono Mt 1,16; 19,17 e 28,19.

[13] Cfr. K. LAKE, *The Influence of Textual Criticism on the Criticism of the New Testament*, Oxford 1904, p. 7.

[14] Cfr. M.-É. BOISMARD, *Lectio brevior, potior*, RB 58 (1951) 161-168; *Problèmes de critique textuelle concernant le Quatrième Évangile*, RB 60 (1953) 347-371. La tesi di fondo del Boismard è che si sia andati sovraccaricando un testo di Giovanni originariamente netto e conciso. Egli inoltre ritiene che la Vetus Latina denunci influenze (e quindi lezioni) tazianee.

L'impostazione del Boismard nella costituzione del testo di Giovanni ha direttamente influenzato la traduzione di D. Mollat per la *Bible de Jérusalem* (1953), che ha poi costituito il testo base per la recente *Synopse* allestita da P. Benoit e dallo stesso Boismard[15], il quale ha curato anche il commento al quarto vangelo[16]. In quest'ultimo lo studioso apporta numerose variazioni alle scelte già della *Synopse* o della *Bible de Jérusalem*, allineandosi in molti casi al Blass o adottando nuove varianti[17]: «nella giustificazione di queste lezioni — rileva Neirynck — la testimonianza del Diatessaron, dei Padri e delle antiche versioni ha spesso la meglio sulla testimonianza massiccia, se non addirittura unanime, dei manoscritti greci. Abbiamo riscontrato nel Commentario tre lezioni che Boismard trova solo presso i Padri, e numerose altre per le quali la testimonianza patristica è pressoché l'unico argomento esterno»[18].

Alla base dell'atteggiamento del Boismard vi è la convinzione, menzionata in apertura, che esiste una tradizione patristica distinta da quella manoscritta e spesso ignorata da questa. Boismard tende a spiegare questa divaricazione con la sfasatura cronologica tra i Padri e i manoscritti greci del NT (di cui solo un paio risalgono al IV secolo): la tradizione dei secondi rappresenterebbe perciò una fase successiva, subentrata a quella dei primi, la quale ha maggiori *chances* di trasmetterci una recensione testuale più arcaica[19].

---

[15] Cfr. P. BENOIT et M.-É. BOISMARD, *Synopse des quatre Évangiles en français avec parallèles des apocryphes et des Pères*, I, Paris 1981³ (a p. 1 si troverà ad es. la recensione breve di Gv 1,12-13 testè citata).

[16] Cfr. *Synopse*, cit., III. *L'Évangile de Jean*. Commentaire par M.-É. BOISMARD et A. LAMOUILLE, avec la collaboration de G. ROCHAIS, Paris 1977 (pp. 11-12 per la critica testuale). Se ne veda la minuziosa disamina (che vale anche come discussione, fortemente critica, dell'impostazione metodologica del Boismard) di F. NEIRYNCK, *L'Évangile de Jean. Examen critique du commentaire de M.-É. Boismard et A. Lamouille*, ETL 53 (1977) 363-478 (in particolare 383-399: «La critique textuelle»).

[17] Su tutto questo cfr. i dettagli in NEIRYNCK, *L'Évangile de Jean*, cit., pp. 391-392.

[18] *Ibi*, pp. 392-393. Il tipo di testo che ne risulta è a carattere «occidentale», convalidato dalla preferenza del Boismard per il Sinaitico contro l'Alessandrino e soprattutto contro il Vaticano.

[19] Cfr. ad es. BOISMARD, *Critique textuelle*, cit. Ovviamente la recente scoperta di papiri neotestamentari databili al II-III secolo introduce un elemento di novità in questo tipo di argomentazione: cfr. METZGER, *Patristic Evidence*, cit., p. 185.
Tra gli studi recenti sulle citazioni patristiche va segnalato quello di R. GLOVER, *Patristic Quotations and Gospel Sources*, NTS 31 (1985) 234-251, che però assume una prospettiva diversa da quella di cui ci stiamo occupando e che ha di mira non tanto il legame con la tradizione diretta quanto quello con il problema sinottico. Il proposito di Glover è infatti quello di verificare se vi siano casi in cui i Padri citano non dai vangeli canonici ma dalle loro fonti; viene posto pertanto un *terminus ad quem* nella fissazione del canone dei quattro vangeli e si esaminano 12 casi in Giustino, *Didachè*, *1 Clementis* e Policarpo secondo sei criteri (pp. 236-238) in base ai quali si dovrebbe poter discernere se una citazione divergente dal testo corrente risale ad una fonte scritta. Il risultato va nel

Contro il rischio di arbitrarie manipolazioni del testo si è però venuto levando uno sbarramento prudenziale che invoca più rigorose regole metodologiche, esigenza di cui si sono fatti portavoce soprattutto M. J. Suggs[20] e, in tempi più recenti, Gordon D. Fee[21], P. Prigent[22] e B. M. Metzger[23].

Il problema viene posto a tre livelli. Il primo è quello di stabilire se il testo che ricostruiamo è veramente quello del Padre cui viene attribuito o se non risale piuttosto ad una delle successive trascrizioni[24]: è un problema, cui sopra abbiamo accennato, sia di edizioni critiche sia di storia della tradizione, condizionato dalla facilità con cui si era portati a intervenire sulle citazioni bibliche, soprattutto in direzione normalizzatrice; vi si può sopperire soprattutto raccogliendo e vagliando *tutte* e per esteso le citazioni di un Padre e non selezionando le sole varianti, magari clamorose[25].

---

senso di una netta valorizzazione delle citazioni patristiche «divergenti» e giunge ad ipotizzare una ulteriore fonte scritta, oltre a Q, che Glover chiama «the Terse Source».

[20] Cfr. *The Use of Patristic Evidence in the Search for a Primitive New Testament Text*, NTS 4 (1957-58) 139-147.

[21] Cfr. *The Text of John in «The Jerusalem Bible»: A Critique of the Use of Patristic Citations in New Testament Textual Criticism*, JBL 90 (1971) 163-173.

[22] Cfr. *Les citations des Pères grecs et la critique du Nouveau Testament*, in *Die alten Übersetzungen des Neuen Testaments, die Kirchenväterzitate und Lektionare*, cit., pp. 436-454. Questo volume vale come qualificata panoramica e messa a punto della tradizione del testo del NT nei vari ambiti (dal greco al siriaco al latino al copto all'armeno al georgiano ...) in età patristica: vi si troveranno contributi di alcuni tra i massimi specialisti in materia, da noi più volte citati, come B. Fischer, M. Black, B. M. Metzger, H. J. Frede (in particolare, di quest'ultimo, *Die Zitate des Neuen Testaments bei den lateinischen Kirchenvätern*, pp. 455-478).

[23] Nel citato *Patristic Evidence and the Textual Criticism* (alle pp. 175-183 Metzger discute alcuni dei casi sollevati dal Boismard). Altri contributi afferenti al nostro problema si troveranno in alcuni volumi collettivi: cfr. *New Testament Manuscript Studies, the materials and the making of a critical apparatus*, ed. by M. Parvis and P. Wikgren, Chicago 1950 (in particolare i contributi di R. P. Casey, *The Patristic Evidence for the Text of the New Testament*, pp. 69-80, e di R. M. Grant, *The Citation of Patristic Evidence in an Apparatus Criticus*, pp. 117-124); *Biblical and Patristic Studies, in Memory of R. P. Casey*, Freiburg i.Br. 1963; *Text and Interpretation: Studies in the New Testament presented to Matthew Black*, Cambridge 1979; *Text-Wort-Glaube. Studien zur Überlieferung, Interpretation und Autorisierung biblischer Texte*, Kurt Aland gewidmet, hrsg. von M. Brecht, Arbeiten zur Kirchengeschichte 50, Berlin-New York 1980; *New Testament textual criticism. Its significance for exegesis*. Essays in honour of Bruce M. Metzger, ed. by E. J. Epp and G. D. Fee, Oxford 1981.

[24] Cfr. Metzger, *Patristic Evidence*, cit., p. 183.

[25] Nel caso da noi studiato una situazione tipica in questo senso è rappresentata da Cirillo Alessandrino, per il quale abbiamo un caso con la lezione (τί) ἤθελον nell'ed. Pusey contro 5 casi con il testo corrente, per lo più nel Migne. Bisognerebbe prima compiere un accertamento critico di tutti i casi; perdurando questo quadro, si deve concludere o che Cirillo nel caso specifico è stato influenzato per motivi contingenti da una tradizione particolare, o che la variante è da attribuire al copista e al suo ambiente. Per noi rimane che

Un secondo livello della problematica metodologica riguarda il discernimento della natura della «citazione» patristica, contro un'accezione generica e acritica. Si è, cioè, sottolineata la necessità di distinguere tra citazione, citazione a memoria, reminiscenza ed allusione, e — una volta stabilito che si tratta di vera «citazione» — di accertare che eventuali varianti non siano spiegabili con il contesto immediato, quali adattamenti teologici o sintattici o stilistici o al tema che sta interessando l'autore[26]. In definitiva si tratta di stabilire con la massima approssimazione possibile se la citazione patristica sottende una tradizione diretta; concretamente: se dietro di essa c'è un manoscritto del NT.

A questo punto il problema giunge al terzo livello, quello cioè della *valutazione* della citazione patristica in rapporto alla tradizione diretta in ordine alla *restitutio textus*.

Proprio per le difficoltà sollevate dai due precedenti sbarramenti, «una maggioranza di moderni studiosi del testo ritiene che la citazione patristica, in tanto in quanto è isolata, non conti quasi nulla (almost nothing) per l'accertamento del testo originale»[27]. Metzger stesso intende ristabilire la distanza tra manoscritti del NT («direct evidence») e versioni e citazioni patristiche («indirect evidence»): le seconde hanno importanza solo in appoggio ai primi[28]. «L'adozione di una lezione sulla sola base dell'attestazione patristica comporta il duplice assunto che a) i manoscritti del NT usati dai Padri di fatto appoggino tale lezione e b) che questi e le copie da loro derivate siano scomparsi»[29]. Nel caso, poi, di una recensione attestata da più Padri, si deve tener conto della possibilità che si tratti di una tradizione «interna», dovuta alla dipendenza di un Padre dall'altro o a canali liturgici ed esegetici che non entrano in contatto con la tradizione diretta[30]. Metzger arriva così ad isolare quello che per lui è l'unico tipo di attestazione patristica veramente prezioso, quello cioè in

---

essa è comunque una attestazione della nostra recensione, anche se si eviterà di ascriverla all'ambiente e all'età di Cirillo.

[26] Si vedano gli studi di Suggs e Fee qui sopra citati, e inoltre J. Duplacy, *Citations patristiques et critique textuelle du Nouveau Testament*, RechSR 47 (1959) 391-400. Si richiama anche la necessità di studiare il modo con cui abitualmente un Padre cita la Scrittura, come pure eventuali dipendenze da altri autori. Cfr. in particolare Prigent, *Les citations des Pères grecs*, cit., pp. 440-454, dedicate ai «critères qui permettent de considérer une citation/allusion néotestamentaire faite par un Père comme une authentique attestation d'un texte réel».

[27] Metzger, *Patristic Evidence*, cit., pp. 173-174.

[28] Cfr. *ibi*, p. 183.

[29] *Ibi*, p. 186. Quest'ultima eventualità non è così incredibile come si vuole far intendere. Basterà menzionare il caso — in altra chiave evocato dallo stesso Metzger (p. 187) — della finale lunga di Mc (il cosiddetto Freer logion), per la quale fino alla sua scoperta nel codice Washingtonianus nel 1910 eravamo informati solo da Girolamo.

[30] Cfr. *ibi*, pp. 184-185.

cui un Padre espressamente discute una variante testuale che ha riscontrato: in questo caso noi abbiamo, in più rispetto alla tradizione dei manoscritti, una sicura localizzazione cronologica e geografica di una lezione e
di una variante, con anche indizi sulla ricezione di un testo, attraverso l'e-
same delle reazioni suscitate[31].

   È sullo sfondo di questo dibattito — e dei criteri da esso elucidati —
che si deve valutare anche il caso di cui ci siamo occupati.

Il caso di Lc 12,49

   Diciamo subito che la prospettiva in cui ci muoviamo non è quella di
arrivare ad un pronunciamento apodittico in favore della nostra variante
come lezione originaria, bensì quella di rendere proponibile — e quindi
mantenere aperto — il confronto tra le due recensioni anche a livello di
autenticità.

   Innanzitutto riteniamo che le basi su cui abbiamo sviluppato il nostro discorso siano più solide e criticamente fondate di quelle che hanno
attirato numerose critiche al Boismard. L'accusa rivolta a quest'ultimo di
trattare le citazioni patristiche alla stregua dei manoscritti neotestamentari era tanto più fondata quanto più il testo patristico era assunto senza il
necessario accertamento critico[32]: particolarmente debole era l'assunzione indiscriminata delle svariate versioni del «Diatessaron» come lezioni di
Taziano, risalenti perciò al II secolo.

   Se la ricerca patristica in Boismard risultava avere soprattutto carattere cumulativo, nella nostra indagine crediamo di avere valutato lo spes-
sore di ogni singolo testimone in rapporto all'escussione critica consenti-
tane; quanto poi all'uso dei vari «Diatessaron», la nostra posizione è stata quanto mai improntata a cautela. Ne è risultato un quadro più varie-
gato, spesso problematico ma comunque orientato a cogliere e valorizza-
re i possibili intrecci e sviluppi diacronici e sincronici, salvaguardando i
diversi alvei di tradizioni.

---

   [31] Cfr. B. M. Metzger, *The Practice of Textual Criticism Among the Church Fathers*,
in *Studia Patristica* XII, TU 115, Berlin 1975, pp. 340-349 (riprodotto in B. M. Metzger,
New Testament Studies, cit., pp. 189-198). Metzger è autore di alcune esplorazioni in que-
sto senso: cfr. *Explicit References in the Works of Origen to Variant Readings in New
Testament Manuscripts*, in *Biblical and Patristic Studies*, cit., pp. 78-95 (ristampato in
B. M. Metzger, *Historical and Literary Studies: Pagan, Jewish and Christian*, Leiden 1968,
pp. 88-103); *St. Jerome's Explicit References to Variant Readings in Manuscripts of the
New Testament*, in *Text and Interpretation*, cit., pp. 179-190 (rist. in B. M. Metzger, *New
Testament Studies*, cit., pp. 199-210).
   [32] Nel caso del Boismard questo aspetto era accentuato dal fatto che, occupandosi di
Giovanni, l'autore cui si faceva maggior ricorso era il Crisostomo, le cui omelie su Gio-
vanni sono ferme all'edizione del Migne.

Secondo la tendenza comune di questo tipo di indagini, la luce maggiore che se ne ricava è in rapporto al Testo occidentale, così sottorappresentato dalla tradizione diretta [33] e che spesso si ricava non dal greco ma da una «altlateinisch-syrische Kombination» [34]. Possibili spunti in proposito sono dati, per quanto riguarda la nostra inchiesta, dal fatto che due manoscritti greci, alcuni testimoni della Vetus Latina e due armonie occidentali premettono a Lc 12,49 l'espressione οὐκ οἴδατε ὅτι / nescitis quia, e dal fatto che per il Diatessaron siriaco e per la Vetus Latina Afra non è attestato Lc 12,49b [35]; una indicazione molto interessante (non registrata dalla tradizione diretta né dalle versioni e quindi neppure dagli apparati del NT) riguarda Lc 12,50 ed è data dalla lezione ἄλλο βάπτισμα (per βάπτισμα) attestata da Ireneo e da numerosi Padri latini, a partire dagli africani Tertulliano e Pseudo Cipriano (aliud baptismum), cui si affianca l'indicazione «tazianea» di Efrem (vers. Leloir: «Habeo iterum baptizari baptismo»).

La nostra ispezione critica, indipendentemente dai «Diatessaron», attinge attestazioni arcaiche, ed è più sicura proprio per le due più antiche, Pseudo Ippolito e Metodio: col primo ci affacciamo sul II secolo [36]. Grazie poi a strumenti come The Gospel e Biblia Patristica abbiamo la certezza di aver esaminato sia tutte le citazioni di un singolo Padre sia tutte le citazioni dei Padri greci, latini e siriaci. Su questa base, — che ci ha messi nella migliore condizione possibile per individuare le situazioni per le quali si deve parlare non di «citazione» ma di reminiscenza o allusione o adattamento [37] — il numero, la varietà (geografica e cronologica) e la qualità delle attestazioni rilevate ci ha fatto concludere positivamente per l'esistenza di una «citazione» patristica di Lc 12,49 con la variante ἤθελον. In altre parole, pensiamo di aver superato il livello primario di obiezioni e difficoltà frapposte dalla critica moderna alla registrazione delle citazioni patristiche e che hanno fatto dire a studiosi come Metzger che la

[33] Cfr. ad es. il citato KIEFFER, Au delà des recensions?, in particolare pp. 227-234. Cfr. Duplacy in DUPLACY-SUGGS, Les citations grecques, cit., p. 195: «Tous ces travaux… qui utilisent aussi les citations confirment de jour en jour les intuitions de Hug concernant l'ancienneté et la diffusion universelle de ce qu'il est toujours convenu d'appeler 'le texte occidental'». In questa direzione va l'apporto del lucano P[75] (sec. III?): cfr. J. DUPLACY, P[75] (Pap. Bodmer XIV-XV) et les formes les plus anciennes du texte de Luc, in L'Évangile de Luc. Problèmes littéraires et théologiques. Mémorial Lucien Cerfaux, ed. par F. NEIRYNCK, Gembloux 1973, pp. 111-128.
[34] FREDE, Bibelzitate bei Kirchenvätern, cit., p. 96.
[35] Se per il Diatessaron la situazione è resa molto incerta dalla frammentarietà delle attestazioni siriache e dalla presenza di Lc 12,49b nelle presunte versioni dell'armonia (v. sotto), per la Afra ricordiamo che abbiamo l'attestazione diretta del codice e e quella indiretta di Agostino, che cita 16 volte Lc 12,49a senza mai riportare anche 49b.
[36] Cfr. sopra, Introduzione, nota 2.
[37] È il caso, ad esempio, di Origene (per la variante εἴθε) e di Epifanio di Salamina.

citazione patristica conta «almost nothing» per l'accertamento del testo del NT se non va a corroborare una attestazione diretta.

Ma — affrontando l'ulteriore sbarramento della critica — si può dire che dietro la nostra citazione c'è una tradizione diretta, sì da poterla mettere ad un confronto alla pari con i manoscritti? Al Boismard, che faceva leva sulla varietà di epoca ed ambiente delle attestazioni patristiche di una medesima variante, il Metzger contrapponeva la possibilità che si trattasse di una tradizione interna ai Padri («a chain of tradition»)[38] mediata dalla liturgia o dalla catechesi o dall'esegesi ma senza agganci con la tradizione diretta manoscritta.

A noi sembra che questa spiegazione possa valere nell'ambito di determinati generi letterari, come il trattato esegetico o l'omiletica pasquale[39], o per autori di cui è nota la diretta interdipendenza, ma non in casi come il nostro in cui ci sono passaggi interni che sarebbe davvero improbo spiegare.

In secondo luogo, a mantenere per lo meno aperto il nostro caso a livello di testo del NT contribuisce il fatto che ad un gradino più su delle citazioni patristiche, quello cioè delle antiche versioni, c'è una situazione tutt'altro che tranquilla ed uniforme per Lc 12,49b: oltre che del silenzio della Afra si dovrà tener conto del fatto che la siriaca Peshitta non conferma una recensione con il τί greco e che il Diatessaron persiano e arabo hanno un testo esattamente corrispondente alla nostra variante: che risalga o meno a Taziano, esso attesta che la tradizione neotestamentaria siriaca in un qualche modo ha autonomamente registrato la recensione ἤθελον.

In terzo luogo, il fatto che la storia della tradizione del nostro versetto abbia evidenziato la tendenza a costituire due filoni, uno di alveo alessandrino favorevole al testo corrente ed uno di alveo siro-asiatico favorevole alla variante, può fornire una spiegazione allo stato attuale della tradizione diretta: i manoscritti, cioè, registrerebbero una fase che ha già visto l'imporsi di una tradizione su di un'altra, seguendo un movimento per altri versi percepibile dal volgere del II secolo e che vede la corrente asiatica soccombere a quella alessandrina sotto il potente impulso di Origene.

Sia come sia, questo è il massimo punto d'arrivo cui si può giungere attraverso la storia della tradizione del testo, quello cioè di registrare la

---

[38] Cfr. METZGER, *Patristic Evidence*, cit., p. 186.
[39] Per fare un esempio relativo a quest'ambito, che abbiamo lungamente frequentato, a partire da Melitone ed Apollinare di Gerapoli (seconda metà del II secolo) fino all'omiletica bizantina noi troviamo il periodico ripetersi dell'espressione ὁ δήσας τὸν ἰσχυρόν (*qui alligavit fortem*) riferita a Cristo; essa nasce certamente da Mc 3,27/Mt 12,29 ma è altrettanto certamente tramandata come formula autonoma all'interno della catechesi pasquale.

compresenza di due recensioni divergenti ed arcaiche[40], senza che sia dato di intuire il passaggio dal livello neotestamentario a questa situazione.

Un discorso di autenticità deve a questo punto affidarsi ai criteri interni, alla critica letteraria e della tradizione sinottica: torniamo così a quanto trattato nel capitolo precedente, in cui abbiamo formulato anche la nostra ipotesi.

In una prospettiva strettamente critico-testuale ἤθελον può essere giudicato *facilior* rispetto a τί θέλω (non però se quest'ultimo è compreso come interrogativo), ma quanto a senso è *difficilior*, perché al desiderio di Gesù che divampi sulla terra il fuoco (dello Spirito o del suo amore) che egli è venuto a portare subentra una sorta di rimpianto per un desiderio non realizzato. In proposito c'è un dato che vogliamo sottolineare, e cioè che la variante *non è funzionale a nessuna delle piste esegetiche della tradizione patristica*, e questo depone contro la possibilità che essa sia sorta per adattamento. I Padri sempre intendono un desiderio attuale di Gesù, che meglio è servito dalle versioni latine che — tranne il codex Bezae — hanno per ἀνήφθη un presente congiuntivo (*accendatur*): questo è un adattamento.

Quanto appunto ad εἰ ἤδη ἀνήφθη, si ammetterà che più che una desiderativa essa rende un'eventualità irreale del passato (o un desiderio irrealizzato del passato), tanto che Riesenfeld vi vede sottesa una espressione del tipo: «sarebbe stato bello (se)»[41]. Essa dunque meglio si armonizza con ἤθελον che con τί θέλω, che suggerisce piuttosto un costrutto come quello con cui Girolamo e Rufino traducono Origene: «Et quam volo ut accendatur!».

A livello di critica letteraria e della tradizione sinottica abbiamo sopra proposto una nostra ipotesi interpretativa che si fonda sulla coerenza interna della pericope Lc 12,49-50 letta secondo la nuova recensione del v. 49 e con una diversa comprensione del v. 50. Essa, a nostro avviso, ha il vantaggio di dare una struttura logica e consequenziale ad una doppia sentenza altrimenti sconnessa e mal bilanciata, eliminando le incongruenze di senso dovute ad un presunto parallelismo che appare essere puramente formale. Essa presume, da questo punto di vista, un'origine unitaria e pre-lucana di Lc 12,49-50, anche se non esclude che del *logion* Luca abbia ritoccato il testo e compreso diversamente il significato.

---

[40] Ricordiamo che l'attestazione della variante è, con lo Pseudo Ippolito, presumibilmente anche più antica di quella del testo corrente, che al più si può ricondurre fino ad Origene.

[41] Cfr. RIESENFELD, *Zum Gebrauch*, cit., p. 10: «Der Nachsatz hat unzweifelbar die Bedeutung des irrealen Falles der Vergangenheit, und es läßt sich ohne weiteres davor ein Ausdruck wie καλὸν ἦν denken».

Stante l'incertezza che tuttora circonda il profilo letterario dei due versetti — variamente considerati di origine unitaria o distinti, e attribuiti in diversa misura a Q, alla fonte propria di Luca e/o alla redazione lucana — ciò può risultare non convincente, ma ci sembra bastante per il proposito che ci eravamo assunti, quello cioè di rendere proponibile, in ordine alla stessa scelta testuale, il confronto della tradizione diretta con una recensione non registrata da alcun manoscritto del NT ma così solidamente recepita dalla tradizione dei Padri.

SIGLE E ABBREVIAZIONI

AnchBi	The Anchor Bible
BEThL	Bibliotheca Ephemeridum Theologicarum Lovaniensium
Bib	*Biblica*
BibOr	Biblica et Orientalia
BJRL	*Bulletin of the John Rylands Library*
BZ	*Biblische Zeitschrift*
BZNW	Beihefte zur Zeitschrift für die neutestamentliche Wissenschaft
CBC	The Cambridge Bible Commentary
CBLa	Collectanea Biblica Latina
CCLat	Corpus Christianorum. Series Latina
CPG	Clavis Patrum Graecorum
CrSt	*Cristianesimo nella storia*
CSCO	Corpus Scriptorum Christianorum Orientalium
CSEL	Corpus Scriptorum Ecclesiasticorum Latinorum
CTNT	Commentario Teologico del Nuovo Testamento
EB	Études Bibliques
ETL	*Ephemerides Theologicae Lovanienses*
ExpT	*The Expository Times*
GCS	Die griechischen christlichen Schriftsteller der ersten drei Jahrhunderte
GLNT	Grande Lessico del Nuovo Testamento
HibJ	*Hibbert Journal*
JBL	*Journal of Biblical Literature*
JTS	*Journal of Theological Studies*
LDiv	Lectio Divina
MThZ	*Münchener theologische Zeitschrift*
NT	*Novum Testamentum*
NTS	*New Testament Studies*
NTTS	New Testament Tools and Studies
OBO	Orbis Biblicus et Orientalis
OrChr	*Oriens Christianus*
ParOr	*Parole de l'Orient*
PG	Patrologiae cursus completus, series Graeca, accurante J.-P. MIGNE
PL	Patrologiae cursus completus, series Latina, accurante J.-P. MIGNE
PLS	Patrologiae Latinae Supplementum, ed. A. HAMMAN
PTS	Patristische Texte und Studien
QD	Quaestiones Disputatae
RB	*Revue Biblique*
RechSR	*Recherches de Science Religieuse*
RHPhR	*Revue d'histoire et de philosophie religieuses*
SCh	Sources Chrétiennes
Scrip	*Scripture*

SPM	Studia Patristica Mediolanensia
StT	Studi e Testi
TH	Théologie Historique
ThLZ	*Theologische Literaturzeitung*
TU	Texte und Untersuchungen zur Geschichte der altchristlichen Literatur
VD	*Verbum Domini*
VigChr	*Vigiliae Christianae*
ZTK	*Zeitschrift für Theologie und Kirche*

BIBLIOGRAFIA

[American and British Committees of the International Greek New Testament Project, ed.] *The New Testament in Greek*, III. *The Gospel According to St. Luke. Part One. Chapters 1-12*, Oxford 1984; *Part Two. Chapters 13-24*, Oxford 1987.

ARENS, E., *The HΛΘON-Sayings in the Synoptic Tradition. A Historico-Critical Investigation*, OBO 10, Freiburg (Schw.)-Göttingen 1976.

BAARDA, T., *The Author of the Arabic Diatessaron*, in: *Miscellanea Neotestamentica* I, Suppl. to *NT* 47, Leiden 1978, pp. 61-104.

————, *Early Transmission of Words of Jesus. Thomas, Tatian and the Text of the New Testament. A collection of studies selected and edited by J. HELDERMAN and S. J. NOORDA, Amsterdam 1983.

BAKER, A., *Syriac and the Scriptural Quotations of Pseudo-Macarius*, JTS 20 (1969) 133-149.

BARTSCH, H. W., *Über den Umgang der frühen Christenheit mit dem Text der Evangelien. Das Beispiel des Codex Bezae Cantabrigiensis*, NTS 29 (1983) 167-182.

BAUER, W., *Griechisch-Deutsches Wörterbuch zu den Schriften des Neuen Testaments und der übrigen urchristlichen Literatur*. Berlin 1963⁵.

BENOIT, A. - PRIGENT, P., *Les citations de l'Ecriture chez les Pères*, RHPhR 2 (1966) 161-168.

BENOIT, P. et BOISMARD, M.-É., *Synopse des quatre évangiles en français avec parallèles des apocryphes et des Pères*, I, Paris 1981³; II. *Commentaire*, Paris 1980³.

BIRDSALL, J. N., *The geographical and cultural origin of the Codex Bezae Cantabrigiensis*, in: *Studien zum Text und zur Ethik des Neuen Testaments*. Festschrift H. Greeven, hrsg. von W. SCHRAGE, BZNW 47, Berlin 1986, pp. 102-114.

BLACK, M., *An Aramaic Approach to the Gospels and Acts*, Oxford 1967³.

————, *The Syriac New Testament in Early Patristic Tradition*, in: *La Bible et les Pères*. Colloque de Strasbourg (1er-3 octobre 1969), Paris 1971, pp. 263-278.

————, *The Syriac Versional Tradition*, in: *Die alten Übersetzungen des Neuen Testaments, die Kirchenväterzitate und Lektionare*. Der gegenwärtige Stand ihrer Erforschung und ihre Bedeutung fur die griechische Textgeschichte, hrsg. von K. ALAND, Arbeiten zur nt. Textforschung 5, Berlin-New York 1972, pp. 120-159.

BLASS, F. - DEBRUNNER, A., *Grammatica del greco del Nuovo Testamento*. Nuova edizione di F. REHKOPF. Edizione italiana a cura di G. PISI, Brescia 1982 (= Göttingen 1976¹⁴).

BOISMARD, M.-É., *À propos de Jean V, 39. Essai de critique textuelle*, RB 55 (1948) 5-34.

————, *Critique textuelle et citations patristiques*, RB 57 (1950) 388-408.

———, *Lectio brevior, potior*, *RB* 58 (1951) 161-168.

———, *Problèmes de critique textuelle concernant le Quatrième Évangile*, *RB* 60 (1953) 347-371.

———, *Le papyrus Bodmer II*, *RB* 64 (1957) 363-398.

BOISMARD, M.-É. et LAMOUILLE, A., *Synopse des quatre évangiles en français*, III. *L'évangile de Jean*. Commentaire par M.-É. B. et A. L. avec la collaboration de G. ROCHAIS, Paris 1977.

[BRECHT, M., ed.] *Text-Wort-Glaube. Studien zur Überlieferung, Interpretation und Autorisierung biblischer Texte*, K. Aland gewidmet, hrsg. von M. BRECHT, Arbeiten zur Kirchengeschichte 50, Berlin-New York 1980.

BROCK, S. P., *The Treatment of Greek particles in the Old Syriac Gospels, with special reference to Luke*, in: *Studies in New Testament Language and Text*. Essays in honour of George D. Kilpatrick, Suppl. to *NT* 44, Leiden 1976, pp. 80-86.

BRUSTON, Ch., *Une parole de Jésus mal comprise*, *RHPhR* 5 (1925) 70-71.

BULTMANN, R., *Die Geschichte der synoptischen Tradition*, Göttingen 1967⁷.

BURKITT, F. C., *Evangelion da-Mepharreshe*, I-II, Cambridge 1904.

CASEY, R. P., *The Patristic Evidence for the Text of the New Testament*, in: *New Testament Manuscript Studies, the Materials and the Making of a Critical Apparatus*, ed. by M. PARVIS and P. WIKGREN, Chicago 1950, pp. 69-80.

[CIASCA, A., ed.] *Tatiani evangeliorum harmoniae arabice*, nunc primum ex duplici codice edidit et translatione latina donavit P. Augustinus CIASCA, Romae 1888.

CONNOLLY, R. H., *Syriacism in St. Luke*, *JTS* 37 (1936) 374-384.

CONYBEARE, F. C., *Three Early Modifications in the Text of the Gospels*, *HibJ* 1 (1902-1903) 96-113.

CONZELMANN, H., *Die Mitte der Zeit. Studien zur Theologie des Lukas*, Tübingen 1960³.

CULLMANN, O., *Das Thomasevangelium und die Frage nach dem Alter der in ihm enthaltenen Tradition*, *ThLZ* 85 (1960) 321-334.

DEHANDSCHUTTER, B., *L'Évangile selon Thomas: témoin d'une tradition prélucanienne?*, in: *L'Évangile de Luc. Problèmes littéraires et théologiques*. Mémorial L. Cerfaux, éd par F. NEIRYNCK, BEThL 32, Gembloux 1973, pp. 287-297.

DELLING, G., *ΒΑΠΤΙΣΜΑ ΒΑΠΤΙΣΘΗΝΑΙ*, *NT* 2 (1957) 92-115.

DUPLACY, J., *Citations patristiques et critique textuelle du Nouveau Testament*, *RechSR* 47 (1959) 391-400.

———, *P⁷⁵ (Pap. Bodmer XIV-XV) et les formes les plus anciennes du texte de Luc*, in: *L'Évangile de Luc. Problèmes littéraires et théologiques*. Mémorial L. Cerfaux, éd. par F. NEIRYNCK, BEThL 32, Gembloux 1973, pp. 111-128.

———, *Études de critique textuelle du Nouveau Testament*, éd. J. DELOBEL, BEThL 78, Leuven 1987.

DUPLACY, J.-MARTINI, C. M., *Bulletin de critique textuelle du Nouveau Testament*, *Bib* 49 (1968) 515-551; 51 (1970) 84-129; 52 (1971) 79-113; 53 (1972) 245-278; 54 (1973) 79-114; 58 (1977) 259-270, 542-568.

DUPLACY, J.-SUGGS, J., *Les citations grecques et la critique du texte du Nouveau Testament: Le passé, le présent et l'avenir*, in: *La Bible et les Pères*. Colloque de Strasbourg (1er-3 octobre 1969), Paris 1971, pp. 187-213.

EGAN, G. A., *An Analysis of the Biblical Quotations of Ephrem in «An Exposition of the Gospel» (Armenian Version)*, CSCO 443, Subs. 66, Lovanii 1983.

ELLIOTT, J. K., *The International Project to establish a Critical Apparatus to Luke's Gospel*, NTS 29 (1983) 531-538.

[EPP, E. J. - FEE, G. D., edd.] *New Testament textual criticism. Its significance for exegesis.* Essays in honour of Bruce M. Metzger, ed. by E. J. EPP and G. D. FEE, Oxford 1981.

ERNST, J., *Das Evangelium nach Lukas*, Regensburger Neues Testament, Regensburg 1977.

FARRAR F. W., *Gospel according to Saint Luke*, CBC, Cambridge 1910.

FEE, G. D., *The Text of John in Origen and Cyril of Alexandria: A Contribution to Methodology in the Recovery and Analysis of Patristic Citations*, Bib 52 (1971) 357-394.

——, *The Text of John in «The Jerusalem Bible»: A Critique of the Use of Patristic Citations in New Testament Textual Criticism*, JBL 90 (1971) 163-173.

FEUILLET, A. *La coupe et le baptême de la passion (Mc 10,35-40)*, RB 74 (1967) 356-391.

FISCHER, B., *Das Neue Testament in lateinischer Sprache. Der gegenwärtige Stand seiner Erforschung und seine Bedeutung für die griechische Textegeschichte*, in: *Die alten Übersetzungen des Neuen Testaments, die Kirchenväterzitate und Lektionare*, hrsg. von K. ALAND, Arbeiten zur nt. Textforschung 5, Berlin-New York 1972, pp. 1-92 (riprodotto in B. FISCHER, *Beiträge zur Geschichte der lateinischen Bibeltexte*, Vetus Latina. Aus der Geschichte der lateinischen Bibel 12, Freiburg 1986, pp. 156-274).

FITZMYER, J. A., *The Gospel according to Luke I-IX*, AnchBi, New York 1981; *The Gospel according to Luke X-XXIV*, AnchBi, New York 1985.

FREDE, H. J., *Bibelzitate bei Kirchenvätern. Beobachtungen bei der Herausgabe der «Vetus Latina»*, in: *La Bible et les Pères.* Colloque de Strasbourg (1er-3 octobre 1969), Paris 1971, pp. 79-96.

——, *Die Zitate des Neuen Testaments bei den lateinischen Kirchenvätern*, in *Die alte Übersetzungen des Neuen Testaments, die Kirchenväterzitate und Lektionare.* Der gegenwärtige Stand ihrer Erforschung und ihre Bedeutung fur die griechische Textgeschichte, hrsg. von K. ALAND, Arbeiten zur nt. Textforschung 5, Berlin-New York 1972, pp 455-478.

GLOVER, R., *Patristic Quotations and Gospel Sources*, NTS 31 (1985) 234-251.

GRANT, R. M., *The Citation of Patristic Evidence in an Apparatus Criticus*, in: *New Testament Manuscript Studies, the Materials and the Making of a Critical Apparatus*, ed. by M. PARVIS and P. WIKGREN, Chicago 1950, pp. 117-124.

GRÄSSER, E., *Das Problem der Parusieverzögerung in den synoptischen Evangelien und in der Apostelgeschichte*, BZNW 22, Berlin 1960².

GRAYSTONE, G., *«I have come to cast fire upon the earth ...»*, Scrip 4 (1949-51) 135-141.

GRIBOMONT, J., *Aux origines de la Vulgate*, in: *La Bibbia «Vulgata» dalle origini ai nostri giorni.* Atti del Simposio Internazionale in onore di Sisto V, a cura di T. STRAMARE, CBLa 10, Abbazia di San Girolamo e Libreria Vaticana 1987, pp. 12-20.

GRUNDMANN, B. W., *Das Evangelium nach Lukas*, Theologischer Handkommentar zum Neuen Testament 3, Berlin 1971⁶.

HARNACK, A. von, *«Ich bin gekommen»*. *Die ausdrücklichen Selbstzeugnisse Jesu über den Zweck seiner Sendung und seines Kommens*, ZTK 22 (1912) 1-30.

HARRIS, J. R., *Tatian: Perfection According to the Saviour*, BJRL 8 (1924) 15-51.

HIGGINS, A., *Tatian's Diatessaron and the Arabic and Persian Harmonies*, in: *Studies in New Testament Language and Text*. Essays in honour of George D. Kilpatrick, Suppl. to *NT* 44, Leiden 1976, pp. 246-261.

JEREMIAS, J., *Abba. Studien zur neutestamentlichen Theologie und Zeitgeschichte*, Göttingen 1966.

———, *Die Gleichnisse Jesu*, Göttingen 1970⁸.

———, *Die Sprache des Lukasevangeliums. Redaktion und Tradition im Nicht-Markusstoff des dritten Evangeliums*, Göttingen 1980.

JOÜON, P., *Les verbes βούλομαι et θέλω*, RechSR 30 (1940) 227-238.

[JÜLICHER, A., ed.], *Itala. Das Neue Testament in altlateinischer Überlieferung* nach den Handschriften hrsg. von A. JÜLICHER, durchgesehen und zum Druck besorgt von W. MATZKOW und K. ALAND. III. *Lucas-Evangelium*, Berlin 1976².

KAESTLI, J.-D., *L'eschatologie dans l'oeuvre de Luc. Ses caractéristiques et sa place dans le développement du Christianisme primitif*, Genève 1969.

KIEFFER, R., *Au delà des recensions? L'évolution de la tradition textuelle dans Jean VI, 52-71*, Lund 1968.

KLEIN, G., *Die Prüfung der Zeit (Lk 12,54-56)*, ZTK 61 (1964) 373-390.

KÖSTER, H., συνέχω, GLNT XIII, cc. 213-236 (= ThWNT VII, 875-884).

KÜMMEL, W. G., *Die Theologie des Neuen Testaments nach seinen Hauptzeugen Jesus-Paulus-Johannes*, Göttingen 1969.

KUSS, O., *Zur Frage der vorpaulinischen Todestaufe*, MThZ 4 (1953) 1-17.

LAGRANGE, M.-J., *Évangile selon Saint Luc*, EB, Paris 1948⁷.

LAKE, K., *The Influence of the Textual Criticism on the Criticism of the New Testament*, Oxford 1904.

LÉGASSE, S., *Approche de l'épisode préévangelique des fils de Zébédée*, NTS 20 (1974) 161-177.

LELOIR, L., *L'Évangile d'Éphrem d'après les oeuvres éditées*, CSCO 180, Subs. 12, Louvain 1958.

LOISY, A., *L'Évangile selon Luc*, Paris 1924.

MÄRZ, C.-P., *«Feuer auf die Erde zu werfen, bin ich gekommen...»*. *Zum Verständnis und zur Entstehung von Lk 12,49*, in: *À cause de l'Évangile. Études sur les Synoptiques et les Actes offertes au P. J. Dupont*, LDiv 123, Paris 1985, pp. 479-511.

MARSHALL, I. H., *The Gospel of Luke. A Commentary on the Greek Text*, The New International Greek Testament Commentary, London 1979².

MÉNARD, J.-É., *La tradition synoptique et l'Évangile selon Thomas*, in: *Überlieferungsgeschichtliche Untersuchungen*, hrsg. von F. PASCHKE, TU 125, Berlin 1981, pp. 411-426.

MESSINA, G., *Diatessaron Persiano*, BibOr 14, Roma 1951.

METZGER, B. M., *Explicit References in the Works of Origen to Variant Readings in New Testament Manuscripts*, in: *Biblical and Patristic Studies, in Memory of R. P. Casey*, Freiburg i. Br. 1963, pp. 78-95 (riprodotto in ID.,

Historical and Literary Studies. Pagan, Jewish and Christian, Leiden 1968, pp. 88-103).

————, *The Text of the New Testament, its Transmission, Corruption, and Restoration*, Oxford 1968².

————, *Patristic Evidence and the Textual Criticism of the New Testament*, NTS 18 (1971-72) 379-400 (ripreso in ID., *New Testament Studies. Philological, Versional and Patristic*, NTTS 10, Leiden 1980, pp. 167-188).

————, *The Practice of Textual Criticism Among the Church Fathers*, in *Studia Patristica* XII, TU 115, Berlin 1975, pp. 340-349.

————, *The Early Versions of the New Testament. Their Origin, Transmission and Limitations*, Oxford 1977.

————, *St. Jerome's Explicit References to Variant Readings in Manuscripts of the New Testament*, in *Text and Interpretation. Studies in the New Testament presented to Matthew Black*, Cambridge 1979, pp. 179-190 (riprodotto in ID., *New Testament Studies. Philological, Versional and Patristic*, NTTS 10, Leiden 1980, pp. 199-210).

MEYER, H. A.W., *Commentary on the New Testament*, Edinburgh 1880.

MOLITOR, J., *Tatians Diatessaron und sein Verhältnis zur altsyrischen und altgeorgischen Überlieferung*, OrChr 53 (1969) 1-88; 54 (1970) 1-75; 55 (1971) 1-61.

NEIRYNCK, F., *L'Évangile de Jean. Examen critique du commentaire de M.-É. Boismard et A. Lamouille*, ETL 53 (1977) 363-478.

ORTIZ DE URBINA, I., *Vetus Evangelium Syrorum et exinde excerptum Diatessaron Tatiani*, Biblia Polyglotta Matritensia, ser. VI, Matriti 1967.

OUTTIER, B., *Une explication de l'évangile attribuée à Saint Éphrem. À propos d'une édition récente*, ParOr 1 (1970) 385-407.

PATSCH, H., *Abendmahl und historischer Jesus*, Stuttgart 1972.

POLAG, A., *Der Umfang der Logienquelle*, Münster 1966.

PRIGENT, P., *Les citations des Pères grecs et la critique du Nouveau Testament*, in: *Die alten Übersetzungen des Neuen Testaments, die Kirchenväterzitate und Lektionare. Der gegenwärtige Stand ihrer Erforschung und ihre Bedeutung fur die griechische Textgeschichte*, hrsg. von K. ALAND, Arbeiten zur nt. Textforschung 5, Berlin-New York 1972, pp. 436-454.

QUISPEL, G., *Some Remarks on the Gospel of Thomas*, NTS 5 (1958-59) 276-290.

————, *L'Évangile selon Thomas et le Diatessaron*, VigChr 13 (1959) 87-117.

————, *The Syrian Thomas and the Syrian Macarius*, VigChr 18 (1964) 226-235.

————, *The Gospel of Thomas and the Gospel of the Hebrews*, NTS 12 (1965-66) 371-382.

————, *Makarius, das Thomasevangelium und das Lied von der Perle*, Suppl. to *NT* 15, Leiden 1967.

————, *Gnostic Studies*, I-II, Uitg. van het Nederl. Hist.-Arch. Inst. te Istanbul XXXIV, 1-2, Istanbul 1974-1975.

————, *Tatian and the Gospel of Thomas. Studies in the History of the Western Diatessaron*, Leiden 1975.

————, *Macarius and the Diatessaron of Tatian*, in: *A Tribute to Arthur Vööbus*, ed. by. R. H. FISCHER, Chicago 1977, pp. 203-209.

RENGSTORF, K. H., *Das Evangelium nach Lukas*, Das Neue Testament Deutsch 3, Göttingen 1959⁸.

REYNDERS, B., *Lexique comparé du texte grec et des versions latine arménienne et syriaque de l'«Adversus Haereses» de saint Irénée*, I-II, CSCO 141-142, Louvain 1954.

RIESENFELD, H., *Zum Gebrauch von θέλω im Neuen Testament*, Acta Seminarii Neotestamentici Upsaliensis 1, Uppsala 1936.

ROMANIUK, K., *Exégèse du Nouveau Testament et ponctuation*, NT 23 (1981) 195-209.

SCHICK, E., *Il codice di Fulda. Storia e significato di un manoscritto della Volgata del secolo VI*, in: *La Bibbia «Vulgata» dalle origini ai nostri giorni*. Atti del Simposio Internazionale in onore di Sisto V, a cura di T. STRAMARE, Abbazia di San Girolamo e Libreria Vaticana 1987, pp. 21-29.

SCHMID, J., *Das Evangelium nach Lukas*, Regensburger Neues Testament, Regensburg 1955[3].

SCHNEIDER, G., *Das Evangelium nach Lukas*, Ökumenischer Taschenkommentar 3, Gütersloh-Würzburg 1977.

SCHRAGE, W., *Das Verhältnis des Thomas-evangeliums zur synoptischen Tradition und zu den koptische Evangelienübersetzungen*, BZNW 29, Berlin 1964.

SCHRAMM, T., *Der Markus-Stoff bei Lukas*, Soc. N. T. Studies Mon. Ser. 14, Cambridge 1971.

SCHRENK, G., θέλω, GLNT IV, 259-283 (= ThWNT III, 43-52).

SCHULZ, S., *Q. Die Spruchquelle der Evangelien*, Zürich 1972.

SCHÜRMANN, H., *Das Thomasevangelium und das lukanische Sondergut*, BZ 7 (1963) 236-260 (rist. in: *Traditionsgeschichtliche Untersuchungen zu den synoptischen Evangelien*, Düsseldorf 1968, pp. 228-247).

——, *Il vangelo di Luca. Parte prima (1,1-9,50)*, CTNT 3,1, Brescia 1983 (= Freiburg i. Br. 1982[2]).

SELLIN, G., *Komposition, Quellen und Funktion des lukanischen Reiseberichtes (Lk IX,51-XIX,28)*, NT 20 (1978) 100-135.

SEPER, F. H., *KAI TI ΘΕΛΩ ΕΙ ΗΔΗ ΑΝΗΦΘΗ (Lc 12,49b)*, VD 36 (1958) 147-153.

SPICQ, C., *Notes de lexicographie néotestamentaire*, OBO 22,1-2, Fribourg (Suisse) 1978.

SUGGS, J., *The Use of Patristic Evidence in the Search for a Primitive New Testament Text*, NTS 4 (1957-58) 139-147.

TURNER, N., *The Quality of the Greek of Luke-Acts*, in: *Studies in New Testament Language and Text*. Essays in honour of George D. Kilpatrick, Suppl. to NT 44, Leiden 1976, pp. 387-400.

VISONA', G., *Pseudo Ippolito. In sanctum Pascha. Studio edizione commento*, SPM 15, Milano 1988.

VÖGTLE, A., *Todesankündigungen und Todesverständnis Jesu*, in: *Der Tod Jesu. Deutungen im Neuen Testament*, hrsg. von K. KERTELGE, QD 74, Freiburg-Basel-Wien 1976, pp. 51-113.

WARD, R. A., *St. Luke xii.49: καὶ τί θέλω εἰ ἤδη ἀνήφθη*, ExpT 63 (1951) 92-93.

[WEBER, R., ed.], *Biblia Sacra iuxta vulgatam editionem* recensuit R. WEBER, Stuttgart 1983[3].

WILSON, R. McL., *Studies in the Gospel of Thomas*, London 1960.

Wolf, P., *Liegt in den Logien von der 'Todestaufe' (Mk 10,38f., Lk 12,49f.) eine Spur des Todesverständnisses Jesu vor?*, Diss. der theolog. Fakultät der Albert-Ludwig-Universität, Freiburg i. Br. 1973.

Zahn, Th., *Evangelium des Lukas*, Kommentar zum Neuen Testament III, Leipzig 1920[3].

Zerwick, M., *Graecitas biblica exemplis illustratur*, Roma 1960[4].

INDICE DELLE CITAZIONI BIBLICHE

INDICE DELLE CITAZIONI PATRISTICHE

Comm. in Mich. I,1: 18
Comm. in Zach. II,9: 18
Comm. in Matth. I: 18, 35
In die dom. Pasch.: 18, 23, 40
Ep. XVIIIA,6: 40

Giusto di Urgel
Serm. de S. Vinc.: 22

Gregorio di Elvira
Tract. 6,52: 35

Ilario di Poitiers
Tract. in ps. CXVIII gimel 5: 35
CXIX 14: 22

Ps. Ippolito di Roma
In s. Pascha 27: 2, 4
31: 30
46: 30

Ireneo di Lione
Adv. haer. I,7,1: 14
I,21,2: 34

Ps. Macario (Simeone di Mesopotamia?)
De cust. cord. 12: 8
Hom. 25,9: 4
Serm. III,3,6: 4
VIII,4,5: 4

Marco Eremita
De bapt.: 6

Massimo di Torino
Serm. 4,1: 22, 41

Martyrium Polycarpi
16,1: 29

Metodio di Olimpo
Symp. VI,3: 3

Origene
Exh. mart. 30: 34
37: 16
Comm. in Ioh. VI,224: 34
290: 34
Hom. I in ps. XXXVIII 7: 7, 23, 40
In Lev. hom. 5,3: 17, 40
9,1: 17
9,9: 17

In Num. hom. 13,1: 17
In Ios. hom. 15,3: 17, 41
In Iud. hom. 7,2: 34
In Is. hom. 4,4: 16
5,2: 35
In Ez. hom. 1,3: 17, 40
5,1: 16
In Luc. hom. 26,1: 17, 40
Philoc. 27,8: 16

Origene (?)
Exc. in ps. 17: 7
Sel. in ps. 17: 7
Fr. in ps. 67: 5, 16

Paolino di Nola
Ep. XX,7: 22
XLIV,6: 22

Pietro Crisologo
Serm. 164,1: 22
5: 22, 34

Pistis Sophia
III,116: 14, 15
IV,141: 14

Prospero di Aquitania
De voc. gent. I,8: 22

Ps. Teofilo Antiocheno
Comm. in quatt. ev. prol. 3: 19

Teodoreto di Ciro
In Cant. 4: 5

Tertulliano
Adv. Marc. IV,29,12: 20
De pud. 22,10: 35

Vangelo copto di Tommaso
Log. 10: 12, 13, 14
21: 13
27: 13
56: 13
82: 13
110: 13

Verecondo
In cant. Deut. XXII: 19

INDICE DEGLI AUTORI MODERNI

INDICE

DATE DUE

Printed in USA

Finito di stampare il 7 dicembre 1990
Tipografia Poliglotta della Pontificia Università Gregoriana
Piazza della Pilotta, 4 – 00187 Roma